Marco Bianchi

IO MI MUOVO

10 minuti per 30 giorni: esercizi e ricette per mantenersi in forma

MONDADORI

Dello stesso autore
in edizione Mondadori

Ricette della dieta del digiuno
con MariaGiovanna Luini

Cinquanta minuti due volte alla settimana

www.librimondadori.it

Io mi muovo
di Marco Bianchi

ISBN 978-88-04-64341-8

I edizione ottobre 2014

Indice

IO MI MUOVO

A Veru, la mia prima personal trainer *e un grande esempio del detto «volere è potere»: brava amore!*

A Roberto Crugliano, il primo tra noi «guerrieri», che mi ha accolto nella sua Functional Box e insegnato un allenamento alternativo, divertente ed efficace.

A Daniele Mele, che mi supporta via sms e che, vivendo ogni giorno «alla Marco Bianchi», è l'esempio concreto dei risultati che si possono ottenere grazie a movimento e sana alimentazione. Bravo, tanta stima.

A nonna Giuliana, la moglie di nonno Eurico, perché amava l'inverno e la nebbia di Milano: questo nuovo libro sembra proprio nascere apposta per lei.

A tutti coloro che hanno preso parte a #iomimuovo: grazie amici, siete grandiosi! Continuiamo così: in tanti, è più facile battere la sedentarietà!

Prefazione

Sano è bello. E anche buono, gustoso e, soprattutto, felice.

Non mi stancherò mai di ripeterlo: mangiare bene e muoversi quanto basta sono gli ingredienti di base per una vita all'insegna del benessere e del dinamismo.

Ne sono talmente convinto che non solo ho fatto del mio corpo un «laboratorio» per dimostrarvi ogni giorno gli effetti positivi di uno stile di vita attivo e di scelte alimentari virtuose, ma ho anche lanciato una campagna di informazione. L'ho chiamata #iomimuovo, perché la sedentarietà ne uccide tanti quanti il fumo – anzi, di più.

È un dato impressionante, vero? Per me sì, e molto. I pigri si arrendano: mangiare sano, non bere, non fumare e rinunciare ai cosiddetti «vizi» non è sufficiente. Bisogna muoversi. D'altra parte, poche cose sono gratificanti ed entusiasmanti come dedicarsi al proprio sport preferito e osservare i propri miglioramenti *day by day*. Io lo faccio in rete: dopo aver pubblicato un videoappello sul mio blog, ho cominciato a postare sulle mie pagine social un diario fotografico, attraverso il quale racconto la mia routine quotidiana – quanto mi muovo, che attività faccio, cosa mangio.

A chi stesse già pensando «non ho tempo» o «non posso permettermi la palestra» rispondo: leggete e stupitevi.

Bastano pochi minuti di movimento al giorno. Saranno la vostra assicurazione per vivere bene, in salute e a lungo. Sui 10.080 minuti che compongono la vostra settimana, appena 70. Un centoquarantaquattresimo. Un tempo brevissimo, vero?

E non è nemmeno necessario preparare la maratona di New York o scalare il K2: potete decidere di camminare, correre, saltare, ballare, oppure semplicemente rinunciare all'ascensore e fare le scale.

Pochi minuti, dicevamo. Dopo avervi «messo in riga» con *50 minuti 2 volte alla settimana*, ora che stiamo per entrare nei mesi invernali – durante i quali si ha meno voglia di sudare e di fare sport all'aria aperta – vediamo come gestire la fase di mantenimento, in modo da arrivare già in forma alla primavera.

In *Io mi muovo. 10 minuti per 30 giorni* troverete consigli alimentari, ricette sfiziose e salutari, approfondimenti sui cibi più adatti alla stagione, oltre a tanti suggerimenti per alzarvi dal divano senza rimpianti e dedicarvi a voi stessi nel migliore dei modi, cioè facendo sport. Il tutto organizzato in una routine di 30 giorni, da ripetere fino alla primavera.

Buona lettura!

Sconfiggere il letargo con le HIIT

Il divano, me ne rendo conto, è un'alternativa allettante a qualsiasi impegno – che si tratti di lavorare o di uscire a correre (soprattutto dopo una giornata stancante e, magari, di pioggia). Peccato che cedendo alla tentazione e rimandando costantemente l'attività fisica, il metabolismo finirebbe per andarsene in letargo e voi vanifichereste tutti gli sforzi compiuti durante i mesi più caldi.

Come fare, dunque? Be', è molto semplice, quando si ha un consulente come Daniele Mele (nei social lo trovate come @DanyFit)!

Daniele, oltre a essere il mio migliore amico, è l'uomo giusto al posto giusto: memorizzate il suo nome, perché sarà lui a insegnarvi come trasformare il movimento in qualcosa di naturale quanto bere un bicchiere d'acqua.

Come vedrete nella seconda parte del libro, non si tratta di mettersi la tuta e le scarpe da ginnastica, preparare la borsa per la palestra e andare a fare sport. Per 30 giorni mi sono svegliato con un sms di Daniele, che mi ha proposto esercizi semplici e talvolta persino piacevoli, da svolgere in pochi minuti, quando posso e dove meglio riesco.

Se non mi credete, ve lo faccio dire direttamente da lui:

Per restare in forma e in salute (come dice sempre Marco) dobbiamo imparare a muoverci con costanza! Se la palestra non ci piace, la piscina in inverno ci sembra un luogo gelido, la strada ghiacciata non ci sembra il posto adatto per correre e passeggiare al buio ci intristisce, dobbiamo guardare altrove, e cioè in casa.

La luce che preferiamo, magari la stessa che scegliamo la sera per rilassarci; la musica giusta, quella che spesso fischiettiamo quando la testa è libera dai pensieri; la comodità del nostro pigiama o di quella vecchia tuta che non abbiamo il coraggio di buttare ma che, fuori, non metteremmo mai: ecco tutto ciò che ci serve per rimanere in salute. Mancano solo i miei sms. Ogni giorno ve ne manderò uno, perché impariate a volervi bene e perché risvegliate i muscoli di ogni parte del corpo! Basteranno pochi minuti, che potrete prolungare se le forze e il tempo ve lo consentirannno. Mi raccomando, però, non prendete gli esercizi sottogamba: ne bastano pochi, ma buoni. Ovvero: pretendo che facciate tutto a regola d'arte (per saperne di più su tecnica ed esecuzione, leggete il mio Dizionario del fitness *in fondo al libro) e non di fretta, perché potreste farvi male.*

Pronti a entrare nel mondo di #iomimuovo?

Dany

Trenta giorni così e vi garantisco che vi verrà spontaneo allenare gli addominali mentre guidate, fare pesi con le bottiglie d'acqua e appoggiarvi a una sedia per rinforzare i dorsali.

Voglio presentarvi Daniele un po' meglio: è un *personal trainer* e istruttore che non ha paragoni. Guru dell'HIIT (*high intensity interval training*, un'attività funzionale a forte impatto), insegna Pilates e si massacra a Tacfit (cercate in Internet di cosa si tratta). Più giovane di me di una decina d'anni, è il classico bravo ragazzo con la testa sulle spalle: innamorato del suo lavoro, cura il suo fisico con una disciplina da paura, che trasmette anche a noi suoi «adepti». Per quanto riguarda l'alimentazione è rigoroso: ha scelto di nutrire i suoi muscoli senza carne e derivati, infatti le uniche proteine animali che mangia sono quelle del pesce e dei formaggi freschi; predilige infatti quelle vegetali, che trova nei legumi, nei semi e nei cereali integrali. Inutile dirlo, non ha mai nemmeno pensato di assumere integratori o bombe chimiche per «potenziare» i muscoli: il fisico scolpito che vedrete se lo cercate tra le foto nella mia pagina Facebook è tutto frutto del suo lavoro, della sua costanza e di scelte all'insegna della salute e del benessere.

Un consiglio, se decidete, come me, di farvi allenare da lui: tenete a portata di mano lupini e frutta secca (che in questo periodo non mancano mai). Dany ci insegna che sono il miglior integratore!

Integratori: non cadete nel tranello!

Spesso chi pratica sport a livello amatoriale è convinto di dover assumere integratori per migliorare le proprie prestazioni o per «aiutare» il proprio corpo ad acquisire tono e volume muscolare. Facciamo un po' di chiarezza.

Innanzitutto, cosa sono gli integratori? La parola indica una vasta gamma di prodotti (può trattarsi di minerali, ma anche di vitamine, nutrienti energetici, estratti vegetali, aminoacidi e così via) pensati per colmare la carenza di qualche macro o micronutriente specifico, che non abbiamo acquisito a sufficienza attraverso l'alimentazione, o per saziare l'aumentato fabbisogno di una determinata sostanza.

Quando dobbiamo assumerli? Spesso capita di essere indotti all'acquisto di integratori energetici e idrosalini già dopo le prime sedute in palestra o le prime corsette. Mettete da parte questa tentazione: il manuale dell'uso razionale di questi «supplementi di carburante» vuole che siano necessari solo quando l'attività fisica diventa regolare, causando quindi un aumento reale del fabbisogno energetico di chi la pratica.

Non vi sto dicendo di non reintegrare acqua e sali minerali dopo una *session* in palestra o una corsa: è oggettivo che i processi chimici che sostengono la contrazione muscolare producono calore, che viene disperso dal nostro corpo con la sudorazione. Piuttosto, vi sto dicendo di non esagerare: se correte per 50 minuti due volte alla settimana, è probabile che non vi servano barrette energetiche concentrate e beveroni ipernutrienti.

Per ottemperare nel migliore dei modi alle esigenze del vostro corpo, vi basterà consumare cibi comuni, come cereali, frutta secca e disidratata, semi e qualche zucchero semplice: tutti ingredienti con i quali potete creare i miei biscotti Belli&Buoni ottimi e salutari (li trovate a pagina 198). Se quello di cui sentite il bisogno è invece un integratore salino, perché sudate molto o per voi lo sport è soprattutto *cardiofitness*, provate a mescolare all'acqua miele, succo di limone e bicarbonato: otterrete un integratore delizioso ed efficacissimo, decisamente più economico e sicuro di analoghi prodotti in commercio (trovate le dosi a pagina 103).

Le HIIT, queste sconosciute

Dopo avervi presentato Daniele, il vostro nuovo *personal trainer*, voglio approfondire un tema che nelle pagine precedenti ho appena accennato e che impareremo a conoscere bene nei prossimi mesi (o almeno lo spero!).

Prendo spunto dal blog del mio amico Cristiano Caporali, chinesiologo e preparatore atletico che, con il suo cristianocaporali.com, diffonde in rete cultura su sport e allenamento.

Cristiano spiega perfettamente che cosa sono gli esercizi ad alta intensità previsti dal metodo *interval training*: «Le HIIT sono prove ripetute eseguite ad alta intensità (oltre il VO_2max [la quantità massima di ossigeno fornita dal sangue]), che stimolano il sistema anaerobico alattacido e lattacido, ma anche quello aerobico».*

In altre parole, si tratta di un tipo di allenamento *cardiofitness* che, secondo gli esperti, è destinato ad affermarsi come lo standard più efficace per favorire il benessere e, quando serve, il dimagrimento. Consiste nell'esecuzione di una serie di esercizi belli impegnativi con variazioni di ritmo: un secondo prima sono fermo, un secondo dopo sto facendo degli squat ad alta intensità. Daniele, naturalmente, lo applica: tanti degli sms che leggerete nella seconda parte del libro consistono proprio in HIIT.

* http://cristianocaporali.com/2014/07/15/high-intensity-interval-training/

Voglio citare qualcuno degli esempi portati da Cristiano, sicuramente più efficaci e più chiari di tante spiegazioni. Possiamo considerare HIIT:

SULLE SCALE DI CASA

- 2′ di riscaldamento salendo e scendendo a velocità normale;
- 10 ripetizioni da 1′, salendo e scendendo due gradini per volta molto velocemente, con recuperi di 1′ tra una serie e la successiva;
- 2′ di defaticamento salendo e scendendo a velocità normale.

CORSA ALL'APERTO

- 5′ di riscaldamento con balzelli, circonduzioni e brevi allunghi;
- 10 progressioni di circa 20-30″ su manto erboso, intervallate da recuperi di 1′ camminando lentamente;
- 5′ di jogging defaticante.

IN BICICLETTA

- 10′ di riscaldamento pedalando a velocità moderata;
- 10 ripetizioni di 1′ con pedalata molto agile ad alta intensità (meglio se in leggera salita), intervallate da 1′ di recupero lento;
- 5′ di pedalata defaticante.

IN CASA, SU UNA SEDIA (O IN PALESTRA SU UN CUBO)

- 5′ di riscaldamento con balzelli e circonduzioni;
- salire e scendere dal rialzo (se si tratta di una sedia, tenendo lo schienale appoggiato al muro) per 30-40″, con recuperi di 1′.

Si tratta di esercizi alla portata di tutti, eseguibili praticamente ovunque e in tempi brevissimi. Traduco: non ci sono scuse. Soprattutto se si è sedentari.

Immagino che alcuni di voi si staranno domandando come reagisce una persona disabituata a fare sport e a muoversi nel misurarsi all'improvviso con un allenamento simile. Vi faccio rispondere direttamente da Cristiano: «La ricerca ha mostrato che i principi alla base delle HIIT possono essere seguiti veramente da tutti, ovviamente "parametrizzando" adeguatamente l'attività. Molti sono convinti che più un'attività è ad alta intensità e più sia alto il rischio di incorrere in qualche infortunio o problema fisico. Nella realtà, invece, quando le HIIT sono eseguite secondo i corretti criteri, è dimostrato che procurano meno problemi dell'attività continuata a bassa intensità, come ad esempio la corsa aerobica.* Non è nemmeno necessario ricorrere a particolari test di valutazione: basta affidarsi alla cara e vecchia scala di Borg ed eseguire gli esercizi a un livello di percezione dello sforzo attorno a 8 sulla scala da 0 a 10».

Per chi non la conoscesse, la cara, vecchia scala di Borg è un metodo che risale agli anni Cinquanta, ma tuttora molto efficace, per valutare l'intensità dello sforzo che stiamo compiendo. Ne esistono diverse, ma quella di cui parla Cristiano è composta da 10 livelli, dove 0 corrisponde alla totale assenza di sforzo e 10 al massimo sforzo immaginabile. Al livello 8, si ha una lieve difficoltà nel parlare mentre ci si sta allenando. Intenso sì, quindi, ma niente di drammatico. E, soprattutto, soggettivo: quello che Cristiano ci sta dicendo è che le HIIT devono essere parametrate al nostro stato fisico. In sostanza: è improbabile che un signore di sessant'anni, sovrappeso e sedentario, che ha appena smesso di fumare, possa eseguire gli esercizi con la stessa intensità di un ragazzo di venticinque anni iscritto alla

* R.O. Nielsen, I. Buist, H. Sørensen, M. Lind, S. Rasmussen, 2012; A.K. Cornish, S. Broadbent, B.S. Cheema, 2011.

locale squadra di triathlon... Il punto è che potrà comunque eseguirli, mantenendosi sul suo livello 8.

A questo proposito, mi sento di consigliarvi di fare una visita medico-sportiva con test da sforzo prima di intraprendere qualsiasi attività: vi aiuterà a capire quali sono i vostri limiti e a conoscere meglio il vostro corpo, salvaguardandolo. Ed è esattamente quello che vogliamo fare, giusto?

Chiarito questo, Cristiano passa in rassegna il campo di applicazione delle HIIT: «Osservando il gioco spontaneo dei bambini all'aperto* emerge che è composto prevalentemente da brevi scatti alternati a recupero. Nessun bambino si sognerebbe mai di correre per 10′ continuati, però è in grado di giocare un giorno intero a rincorrersi con i coetanei, facendo scatti a ripetizione ad altissima intensità. Per molti anni è stato consigliato alle persone in sovrappeso o obese di seguire programmi di attività aerobica a bassa intensità, salvo poi rendersi conto che questi non hanno un impatto significativo sul dimagrimento.** In uno studio in cui si comparava la spesa energetica dell'attività aerobica moderata con le HIIT è emerso che, nonostante il minor tempo impiegato nelle esercitazioni ad alta intensità, la spesa energetica risulta maggiore.*** Un'altra ricerca svolta su giovani donne ha dimostrato che un programma di attività aerobica a bassa intensità non mostra alcuna perdita di massa grassa rispetto al gruppo di riferimento che non svolgeva alcun tipo di esercizio, mentre il dimagrimento era significativo nel gruppo che seguiva un programma incentrato sulle HIIT. I pregi delle HIIT non si limitano a un fattore estetico, poiché è stato dimostrato che persone con varie patologie hanno avuto dei risultati significativi sullo stato di salute seguendo dei programmi che ne rispettavano i principi».

Le HIIT influiscono positivamente sullo stato di salute di

* R.C. Bailey, J. Olson, S.L. Pepper, J. Porszasz, T.J. Barstow, D.M. Cooper, 1995.
** N.A. Johnson, T. Sachinwalla, D.W. Walton, et al., 2009; S.H. Boutcher, S.L. Dunn, 2009.
*** J. King, C. Broeder, K. Browder, L. Panton, 2002.

persone affette per esempio da patologie cardiache. È dimostrato che i cardiopatici che sono stati colpiti da un attacco cardiaco o chi soffre di ipertensione sono riusciti, seguendo un programma incentrato sulle HIIT, a ridurre la pressione sanguigna e a migliorare la funzionalità cardiaca.

Questo metodo di allenamento, poi, si è rivelato utile anche in caso di sindrome metabolica, un quadro clinico correlato a uno stile di vita sedentario e a un'alimentazione scorretta, che causano sovrappeso (una circonferenza vita oltre i 94 cm nei maschi, 80 nelle femmine), un'elevata glicemia (oltre 100 mg/dl stadio IFG a digiuno), ipertensione (oltre 130/85 mm Hg), ipertrigliceridemia (oltre 150 mg/dl) e riduzione del colesterolo HDL, quello buono (40 mg/dl nei maschi e 50 nelle femmine). Chi è affetto da tale sindrome presenta un alto rischio di incorrere in problemi cardiaci e di sviluppare il diabete di tipo 2.

Cristiano ci spiega che in questi casi «dopo sole due settimane di *training* costituite da tre allenamenti di 20' di HIIT, i livelli di glucosio nel sangue erano diminuiti e vi era un aumento dei GLUT 4, i trasportatori del glucosio verso le cellule muscolari. L'obiezione che spesso viene posta è che l'attività ad alta intensità è pericolosa in persone che non hanno una buona condizione atletica, la realtà mostra che è stata utilizzata con successo nei pazienti con angina pectoris,* infartuati,** sottoposti a intervento di by-pass.*** Persone affette da diabete di tipo 2 hanno riscontrato una riduzione significativa dell'iperglicemia****».

Riassumendo, le HIIT:

- aiutano chi le pratica a rimanere in salute e a migliorare le proprie performance sportive;
- favoriscono il dimagrimento;

* P. Meyer, T. Guiraud, M. Gayda, M. Juneau, L. Bosquet, A. Nigam, 2010.
** T. Moholdt, I.L. Aamot, I. Granøien, et al., 2012.
*** T. Moholdt, B.H. Amundsen, L.A. Rustad, et al., 2009.
**** J.P. Little, J.B. Gillen, M.E. Percival, et al., 2011.

- hanno un'influenza positiva anche nel caso di quadri clinici complessi.

In più, richiedono poco tempo, possono essere svolte in contesti differenti e non per forza in un ambiente deputato allo sport e, soprattutto, sono tante, varie e mai noiose.

Daniele, per voi, non poteva scegliere di meglio!

Ora che avete conosciuto Daniele, ne sapete di più sul metodo che seguirà e vi siete fatti un'idea di che cosa vi aspetta a livello sportivo, parliamo di alimentazione.

Bello, buono, caldo: i piaceri della tavola in inverno

Siamo in autunno, è in arrivo l'inverno: cosa mettiamo nel nostro piatto oggi e per i prossimi mesi? Semplice: la natura ci offre davvero tanto e noi possiamo scegliere. Vogliamo nutrirci per stare bene o per farci del male?

Caso mai aveste qualche dubbio sull'alternativa da preferire e foste magari succubi di discorsi del tipo «si vive una volta sola», «non vorrai arrivare sano alla tomba» e altre simili amenità, lasciate che vi passi qualche informazione.

«Siamo quello che mangiamo»

Alla luce degli studi più recenti e accreditati, Feuerbach ci aveva decisamente preso, anche se il suo «Siamo quello che mangiamo» risale alla metà dell'Ottocento.

Vi spiego perché. Per farlo, però, ho bisogno di chiarire la differenza tra «alimentazione» e «nutrizione».

Con «alimentazione» si intende un atto, quello del mangiare, che ci consente di apportare energia al nostro organismo. Quando mangiamo, infatti, non facciamo altro che immettere «carburante» per consentire al nostro corpo di svolgere tutti i processi che ci mantengono in vita, e molto di più: da dove, se non dal cibo, traiamo le energie per camminare, allenarci, pensare, lavorare, leggere, studiare, riflettere, meditare, correre, saltare, ballare, inventare, cucinare? Tutte le attività che vi vengono in mente e che siete abituati a svolgere durante le vostre giornate, l'organismo le «foraggia» grazie al cibo e ai nutrienti che esso contiene. Tutto ciò che ingeriamo viene infatti scomposto fino a diventare assimilabile, cioè utilizzabile dal nostro corpo.

Se alimentarsi è facile e intuitivo – in definitiva, si tratta di rispondere a uno stimolo – la «nutrizione» è un processo molto più complesso: con questa parola, infatti, si intende l'insieme dei processi biologici che consentono lo sviluppo e l'integrità di ogni organismo vivente, in relazione alla biodisponibilità di energia, nutrienti e composti fitochimici presenti in un alimento.

L'alimentazione è l'atto dell'ingerire, la nutrizione quello di scomporre un alimento, assimilarne i nutrienti e utilizzarli per garantire la sopravvivenza e le attività di un corpo.

Esiste un filone di ricerca chiamato «nutrigenomica» che studia l'interazione dei principi attivi contenuti negli alimenti con il nostro genoma. Il cibo, dunque, non va visto semplicemente come fonte di energia, ma come uno strumento che possiamo utilizzare al meglio per influire positivamente sulla qualità e la durata della nostra esistenza. Potenzialmente, è un elisir di lunga vita. Sicuramente, è un modo per prevenire i tumori. La magica triade di semplici regole che vi inviterò a seguire in questo libro – poche calorie, molti vegetali, pochi grassi saturi – consente di fare prevenzione oncologica senza nemmeno alzarsi da tavola. La cosa migliore sarebbe cominciare da subito, da piccoli; il non averlo fatto, però, non è una scusa per perseverare nel mangiare male! Anche perché vi basterà pochissimo per notare gli effetti benefici di un'alimentazione sana e bilanciata, posso giurarlo: tanti di voi hanno cominciato e sono talmente entusiasti da non riuscire più a smettere, come si vede scorrendo le mie pagine social!

Ciò che mangiamo, dunque, ci «trasforma» dall'interno, ed è questo il senso della scelta cui vi chiamavo prima. Volete fornire al vostro corpo i mattoni di migliore qualità, i materiali che davvero gli servono, oppure no? Volete lasciarvi guidare dalle abitudini e da una golosità miope e poco flessibile alle alternative, o siete disposti a mettervi in gioco e a provare altro? Io, fossi in voi, proverei altro – soprattutto perché questo «altro» è gustoso, saporito, prelibato, è una gioia per gli occhi e per il palato, è divertente da preparare e adatto a tutta la famiglia.

I macronutrienti

Vi chiedo ancora un po' di pazienza, prima di correre a spulciare tra le ricette contenute nella seconda parte del libro. Voglio prima ripassare insieme a voi il mondo dei macronutrienti, quelle sostanze indispensabili alla vita e al metabolismo che ci forniscono energia.

Grazie agli autorevoli studi degli esperti del settore, sappiamo che il nostro corpo, per «funzionare» in maniera ottimale e mantenersi sempre in salute e attivo, ha bisogno di carboidrati, proteine e grassi.

I *carboidrati* sono la principale fonte di energia del nostro corpo. Li troviamo nei farinacei, nei cereali e in molti altri alimenti vegetali. Ne esistono di due tipi: semplici (monosaccaridi, disaccaridi e oligosaccaridi, altrimenti detti zuccheri) e complessi (cioè amido e fibra alimentare). La fibra, in particolar modo, aiuta a regolare l'assorbimento dei nutrienti e protegge il nostro corpo da diverse patologie. Questo la rende davvero importante: ecco perché, come vado ripetendo nei miei incontri pubblici, tutti dovrebbero mangiare cereali integrali. Mi capita ancora troppo spesso, quando pronuncio la parola «integrale», di vedere sguardi interrogativi. È come se mi steste dicendo: «Ma io non sono a dieta!», «Ma io non soffro di stitichezza!». I cereali integrali – che pure apportano notevoli benefici in caso di stitichezza e che sono consigliati nella stragrande maggioranza delle diete – sono più generalmente utili per preservare in salute il corpo: «integro» significa «completo», il che vale anche sotto il profilo nutrizionale. Sono «cibo vivo», poco trattato, e dunque più sano e più nutriente, e secondo me anche più buono!

La seconda classe di alimenti è quella delle *proteine*, i mattoni del nostro corpo: sono loro, infatti, a consentire lo sviluppo e il mantenimento di organi e muscoli, nonché a regolare tanti dei processi fondamentali per la nostra sopravvivenza. Le troviamo nella carne, nel pesce, nelle uova, nel latte e nei suoi derivati, ma anche in vegetali come i legumi, una fonte decisamente salutare di questo macronutriente, secondo gli ultimi studi scientifici ed epidemiologici.

Infine, i tanto vituperati *grassi*, che siamo abituati a considerare alla stregua dei nostri peggiori nemici quando invece quelli buoni sono fondamentali per essere sani e in salute. Contribuiscono infatti al mantenimento di uno stato nutrizionale bilanciato, collaborano all'ottimizzazione del nostro sistema immunitario e all'aumento della fluidificazione del sangue. Introdotti nella giusta quantità, consentono alle cellule e ai tessuti di funzionare correttamente. In altre parole, ci vogliono. La domanda è: quali? Esistono sia grassi di origine animale che di origine vegetale. Alcuni di questi ultimi sono universalmente noti perché «buoni» (è il caso dell'olio extravergine di oliva, EVO, grande amico del sistema cardiovascolare), nonché forieri di vitamine e antiossidanti. Quella tra i grassi vegetali e le vitamine, però, è una storia d'amore molto più estesa: le vitamine A, D, E e K sono presenti anche negli oli vegetali, in alcuni frutti oleosi (per esempio le olive, le noci, le nocciole, le mandorle, i pinoli, i semi di zucca, ma anche quelli di lino, sesamo, girasole e così via). Non ho ancora citato il pesce, ma rimedierò subito dicendo che contiene gli Omega-3, acidi grassi che non ingeriamo mai a sufficienza e che sono pieni di proprietà taumaturgiche: proteggono le cellule cerebrali, aiutano a ridurre l'infiammazione corporea, abbassano la concentrazione dei trigliceridi e migliorano persino il tono dell'umore!

Il mio consiglio non può che essere di ridurre il consumo di carne a favore di quello di pesce, soprattutto nel caso dei bambini. Nella seconda parte del libro troverete qualche ricetta superinvitante che farà senza dubbio colpo anche su di loro!

La quadratura del cerchio

Immagino che vi sarà sorta spontanea una domanda: come si fa a scegliere i nutraceutici giusti, cioè quelle sostanze dalla comprovata influenza positiva sull'organismo, rendendo così la propria dieta preventiva, sana e funzionale?

La seconda domanda segue a ruota: è possibile fare tutto questo mangiando bene e dedicando alla cucina un tempo ragionevole?

Sono felice di dirvi che state parlando con la persona giusta ☺ Non solo è possibile «quadrare il cerchio», ma sarà anche interessante, bello e divertente farlo insieme.

Pronti, partenza, via!

Cominciamo da un esempio. Prendiamo la mia giornata tipo.

Faccio sport esattamente quanto racconto sui social network: in genere 50 minuti 2 volte alla settimana oppure 20 minuti 3 volte alla settimana, mentre, in inverno, seguo le istruzioni di Daniele alternandole a sedute di 20 minuti di attività funzionale. Per scegliere cosa mangiare mi affido alle raccomandazioni del World Cancer Report Fund.* La mia dieta vuole essere proprio preventiva, sana e funzionale, ed è più o meno questa.

Appena mi sveglio bevo un caffè senza zucchero, poi mi butto sotto la doccia e solo dopo mi dedico alla colazione: di solito mi preparo una spettacolare tazza di yogurt vegetale (va bene anche quello di soia, basta che sia bianco) al quale mescolo miele, avena e frutta secca (3 noci, 4 mandorle, 4 nocciole e un cucchiaio di uvetta). In alternativa, e soprattutto se nei giorni precedenti ne ho preparata una, mi sbafo una fetta di torta – più casalinga è e più mi piace!

A metà mattina scatta lo spuntino: può trattarsi di frutta fresca (di solito un'arancia quando è di stagione o una mela, ne vado ghiotto), di una barretta (per esempio quella di amaranto e cioccolato, oppure la «mia» barretta Gli

* www.dietandcancerreport.org

Aironi) o di frutta secca (3 noci, 4 mandorle) da assaporare insieme a un benefico quadratino di cioccolato fondente!

A pranzo le alternative sono numerose: piatto unico a base di cereali integrali in chicco (o di pasta integrale) conditi con fantasia di verdure di stagione e proteine – posso spaziare tra legumi, formaggi magri e freschi o pesce, il più indicato è quello azzurro; insalatona mista con scarpetta fatta con il pane integrale; panino o pizza (meglio se integrali) colorati con verdure di stagione. In quest'ultimo caso cerco di stare attento sul formaggio: se ne ho già mangiato il giorno prima, chiedo di eliminarlo oppure di ridurne la dose.

La merenda purtroppo non riesco a farla tutti i giorni: quando mi è possibile mi butto sulle gallette di farro, croccanti e gustose, le adoro; una manciata di semi saporiti, come quelli di girasole o di zucca, mescolati all'uvetta e a qualche mandorla; un frutto (banana, arancia o mela) da addentare insieme a un altro quadratino di cioccolato fondente; oppure, se voglio spezzare la fame prima di un *workout* (sessione di esercizio funzionale), mi sgranocchio qualche noce e un pezzetto di zenzero candito. Se invece so che andrò a correre, preferisco rinunciare alla merenda e allenarmi a digiuno.

A cena mi scateno: cucinare è uno dei grandi piaceri della vita, quindi mi dedico con passione a preparare deliziosi piatti unici. Per esempio i già citati cereali integrali in chicco (o la pasta integrale) accompagnati da verdure di stagione, stufate, saltate o al forno, e da proteine vegetali (legumi, seitan, tofu, tempeh) o animali (formaggi magri e freschi o pesce). Un'altra, più invernale, sono le zuppe, le vellutate o il minestrone, ai quali unisco una manciata di cereali integrali. Dopo cena, sempre, mi concedo un ultimo frutto, qualche noce o mandorla e, quando sono già stravaccato sul divano o vi sto leggendo su Facebook, una bella tisana!

Fosse per me, mangerei sempre carboidrati integrali: quando proprio non mi è possibile, magari perché sto pranzando al bar, cerco di neutralizzare il «nemico» raffinato abbinandolo a tanta, ma tanta verdura! Le proteine vegetali le mangio ogni giorno, mentre raziono quelle animali: pesce e formaggio non più di due volte alla settimana!

Le quattro stagioni

Immaginate ora una grande dispensa, di quelle moderne, con scaffali e mensole in acciaio. La voglio robusta e solida, questa dispensa, perché deve poter sorreggere il peso dei prodotti di stagione che si prenderanno cura di noi durante questi mesi freddi e umidi.

Non vi nego che ogni tanto, quando un piatto richiede un ingrediente specifico o ho proprio voglia di un sapore particolare esploro anche il fantastico mondo dei vegetali fuori stagione o, perché no, quello dei surgelati (alcune verdure mantengono inalterate le loro proprietà, se congelate), ma è indubbio che seguire la stagionalità sia la scelta migliore, e questo per diversi motivi.

Il primo è legato alla salute: le verdure che maturano in un determinato periodo dell'anno non hanno bisogno di «integratori» per crescere bene e in fretta. Sono anche più gustose e dunque scegliendole avremo la fortuna di arricchire la nostra tavola e di deliziare il nostro palato variando i sapori e introducendo tante molecole fitochimiche.

E vengo al secondo motivo: l'orto è così generoso da fornirci tutto ciò di cui il nostro corpo ha bisogno a seconda dei diversi periodi. Ecco perché acquistare frutta e verdura in base alla stagionalità non è semplicemente una scelta di convenienza, ma è importante anche dal punto di vista nutrizionale. Non mangiare sempre gli stessi prodotti significa diversificare le sostanze che immettiamo nel nostro organismo. Per capire bene di che cosa sto parlando basta ragionare sui colori di frutta e verdura: se pensate ai prodotti dell'estate vi verranno sicuramente in mente colori caldi, come il rosso del pomodoro, delle ciliegie e dei frutti rossi, e l'arancione di pesche e albicocche; se pensate invece a quelli dell'autunno è probabile che immaginiate subito il viola dell'uva e delle prugne, o il bianco dell'uva spina e del cavolfiore. Frutta e verdura di colori diversi contengono vitamine, sali minerali e nutrienti diversi. In particolare, miracolo della natura, proprio quelli più adatti alle nostre esigenze in quel momento dell'anno.

In **PRIMAVERA** è importante depurare l'organismo e rivitalizzarlo. Per riuscirci, è necessario fare una sorta di «pulizie di primavera»: dovremo sgrassare e rassettare, proprio come facciamo con la nostra casa, e il mondo vegetale ci soccorre con carciofi, asparagi, insalate amare, fragole e ciliegie, che hanno proprietà disintossicanti e diuretiche.

In **ESTATE**, invece, dobbiamo idratarci in continuazione. Infatti, i protagonisti di questa stagione sono tutti ricchissimi di acqua, di sostanze antiossidanti e di sali minerali indispensabili per proteggerci dal caldo. Qualche esempio? Angurie, meloni e pomodori.

In **AUTUNNO**, cosa succede? La temperatura si abbassa, la luce diminuisce e il nostro organismo è chiamato a mettere in campo una maggiore quantità di energia, utile anche per tutelare le difese immunitarie, visto che è maggiormente esposto al rischio di influenza e raffreddore. La frutta e la verdura ideali in questa stagione, pertanto, contengono più zuccheri. È il caso di cachi, mele, pere, castagne, noci, nocciole e mandorle, tutti molto energetici e ricchi di vitamine, fibre e minerali. Per stimolare il sistema immunitario, via libera agli aromi, dunque, come cipolla, rosmarino, salvia e aglio, ma anche curcuma, peperoncino, curry e zenzero, che sono dei veri e propri antibiotici naturali. Oltre a cominciare a coprirsi, in autunno è necessario riabituarsi al consumo di piatti caldi: anche qui, Madre Natura è pronta a offrire zucche, cavoli, melanzane, castagne, patate, barbabietole e radicchio, tutti alimenti poco acquosi e ideali per essere consumati cotti. Per quanto riguarda la frutta, ecco che appaiono agrumi, uva, pere, mele, melagrane e kiwi che garantiscono vitamina C, fibre e minerali importanti per il rinforzo del sistema immunitario, grazie alle loro proprietà antiossidanti, antivirali e antibiotiche. Tutto ciò che è viola, poi, ci aiuta a fare il pieno di antocianine, carotenoidi, potassio e magnesio.

È l'**INVERNO**, però, la «stagione dei malanni» per eccellenza: le temperature sono sempre più basse, pioggia, vento e neve si fanno insistenti e le nostre difese immunitarie si abbassano ulteriormente. È importante lavorare già a tavola sulla prevenzione di forme virali, ma anche di dolori muscolari, febbre, raffreddore, bronchiti e infiammazioni varie alle vie respiratorie, digestive e intestinali, aiutando il nostro organismo a riscaldarsi e a mantenersi in forze. La prima regola è scegliere cibi che forniscano energia per lungo tempo: per questo sono utili carboidrati come avena, orzo e grano saraceno, ma anche riso e patate. È inoltre cosa buona preferire ai cibi freddi calde minestre di legumi, o alimenti cotti al forno, al cartoccio o al vapore. Per rinforzare la flora intestinale, sono utili il pane integrale (preferibilmente di segale o multicereali) e lo yogurt vegetale (magro se invece è di latte vaccino), che sono una fonte ideale di carboidrati e probiotici.

Preziosissima, poi, la vitamina C, che l'orto ci regala in abbondanza grazie alla maturazione di agrumi, kiwi, melagrane e frutti di bosco. Le verdure della famiglia dei cavoli, inoltre, come broccoli e verze, sono ad alto contenuto nutritivo: si rivelano fondamentali per aiutarci a sopperire alla maggiore richiesta energetica dovuta al freddo e per stimolare il sistema immunitario. Se l'autunno è la «stagione viola», l'inverno è la «stagione bianca»: mele, pere, cipolle, porri e funghi ci garantiscono il corretto apporto di polifenoli, flavonoidi, composti solforati, potassio e selenio.

Gli indispensabili dei prossimi mesi, dunque, saranno i broccoli, le cime di rapa e tutta la famiglia dei cavoli, aglio e cipolla, ma anche barbabietole e zucca. Poi noci, mandorle e nocciole e la frutta fresca invernale, ovvero mele, arance, cachi e pere. Scopriamoli meglio insieme.

Gli indispensabili

Ora che abbiamo passato in rassegna le regole generali che dovranno ispirare la nostra alimentazione nei prossimi mesi, approfondiamo i prodotti che proprio non dovranno mancare sulla nostra tavola e le loro caratteristiche.

Li ho suddivisi in quattro famiglie:

- frutta secca;
- frutta;
- verdura;
- bevande.

Pronti a seguirmi in questo viaggio, amici?

LA FRUTTA SECCA

Come avrete notato dalle mie ricette, se c'è un cibo al quale sono affezionato è proprio la frutta secca. Per noci, mandorle e nocciole vado pazzo! Le adoro e le piazzo praticamente ovunque! Questo perché sono buone, nutrienti e hanno proprietà benefiche in abbondanza.

Prima di vedere quali, però, voglio sfatare un mito: la frutta secca non è troppo calorica, come si tende a pensare. Le calorie che contiene provengono per la maggior parte da grassi buoni, il cui consumo è raccomandato da tutte le linee guida per una sana alimentazione, italiane e internazionali.

Trenta grammi al giorno: ecco la quantità che ci viene consigliato di assumerne. Possiamo scegliere di sgranocchiarla come spuntino o di mescolarla ai piatti dolci e salati che stiamo preparando. Una buona notizia, per chi la sceglie spesso come merenda: studi recenti hanno indagato l'effetto del consumo di frutta secca durante la giornata sul senso di sazietà e dimostrato che uno spuntino di frutta secca a metà pomeriggio diminuisce sensibilmente il senso di fame prima di cena!

Bando alle ciance: è ora di passare in rassegna le caratteristiche nutrizionali di queste delizie.

La frutta secca è un concentrato di micronutrienti. I pistacchi contengono moltissimo ferro, le mandorle calcio, le noci Omega-3.

La pellicina che riveste questi frutti, poi, è ricca di polifenoli, sostanze che aumentano l'azione antiossidante del plasma e hanno un ruolo nella prevenzione del cancro, delle patologie cardiovascolari e di numerose malattie cronico-degenerative, come l'arteriosclerosi.

Se per caso vi steste già infilando le scarpe per andare a comprarne quintali, mi tocca ricordarvi che purtroppo potremo godere di questi favolosi effetti positivi sulla nostra salute solo limitando il consumo di frutta secca a... indovinate? Esatto: 30 grammi al giorno. Quando preparate la colazione o uno spuntino, cercate di non tenerne a portata di mano in abbondanza: il rischio è di non riuscire a fermarsi!

Le **noci** sono un concentrato di energia e di salute, grazie al loro mix di nutrienti e polifenoli. Contengono circa il 15 per cento di proteine e il 60 per cento di grassi, il 90 per cento dei quali monoinsaturi, cioè buoni! È un'ottima notizia, in particolare perché tra questi acidi grassi, oltre all'acido oleico (quello presente nell'olio d'oliva), rientrano anche gli Omega-6 e gli Omega-3, dei quali la nostra dieta è troppo spesso carente. Trenta grammi di noci, però, sono sufficienti per coprire il nostro fabbisogno giornaliero. Le noci, inoltre, contengono pochissimo zucchero e sono invece fonte di fibra, di tannini, di arginina (un aminoacido) e di antiossidanti. Tra le vitamine, la più presente è la E, che aiuta le nostre cellule a rimanere giovani più a lungo.

Quanto agli effetti benefici che hanno sul nostro organismo, la scienza conferma che, nella dose giusta, sono una manna per il cuore: abbassano il colesterolo, aiutano la regolazione della pressione sanguigna e migliorano l'elasticità dei vasi. Mangiarle a colazione o a merenda non può che giovarci, ma il loro utilizzo in cucina può andare ben oltre... Io ne sono ghiotto e le uso come ingrediente di insalatone, primi piatti e dolci!

L'autunno e l'inverno sono anche il periodo delle **nocciole**, piccole amiche della salute, oggetto di studio in molti laboratori di ricerca per le loro proprietà terapeutiche e funzionali. Un esempio? Sono ricche di fitosteroli e di grassi buoni, tra cui gli Omega-6 e gli Omega-3, che ci aiutano a prevenire l'insorgenza di malattie cardiovascolari e ad abbassare l'eccesso di colesterolo circolante. A questo proposito, un recente studio ha mostrato che il consumo regolare di nocciole è in grado di abbassare i livelli di colesterolo cattivo, quello LDL, e di trigliceridi.

Digeribili più di ogni altro frutto oleoso, sono una delle varietà di frutta secca più ricca di vitamina A, che apporta bellezza e lucentezza a pelle e occhi (ne contengono 30 mg per ogni 100 grammi di frutto sgusciato), e di vitamina E, l'antiossidante per eccellenza.

Le nocciole sono inoltre un'ottima fonte di selenio (un minerale che previene l'invecchiamento cellulare) e di flavonoidi, che svolgono una forte azione antinfiammatoria, antivirale e aiutano a prevenire l'insorgenza di diverse forme tumorali.

Le **mandorle**, da consumare non solo intere, ma anche sotto forma di farina o latte, come ingredienti di numerose ricette, sono una fonte di calcio vegetale poco conosciuta e spesso sottovalutata (ne contengono ben 240 mg ogni 100 grammi). Il loro consumo, nella dose consigliata di 30 grammi al giorno, contribuisce al raggiungimento del fabbisogno giornaliero di questa sostanza, che non sempre viene soddisfatto. Sono ricche anche di fibre, fondamentali per il mantenimento di una sana flora intestinale e in caso di stitichezza, e di un enzima, l'emulsina, che aiuta a digerire gli amidi. In caso di ansia, stanchezza e insonnia, poi, sono un toccasana.

Per la vitamina A hanno la bandiera nera: ne sono completamente prive! In compenso, hanno un elevato contenuto di potassio (690 mg per 100 grammi di mandorle pulite), magnesio (252 mg), ferro (4,6 mg) e detengono il record fra tutti i frutti, secchi e freschi, per il fosforo: ben 508 mg!

Inoltre, sono molto ricche di vitamina E, che svolge una benefica azione antiossidante. La vitamina E è liposolubile, cioè viene assimilata ed espleta le sue funzioni più facilmente in presenza di sostanze grasse: guarda caso, le mandorle contengono anche una significativa percentuale di grassi buoni (soprattutto l'acido oleico)!

Numerosi studi hanno confermato gli effetti positivi di questo frutto sul sistema cardiovascolare, in particolare perché contribuisce all'innalzamento del colesterolo buono, quello HDL.

LA FRUTTA

La frutta non va in settimana bianca ma rimane con noi tutto l'inverno – e per fortuna! Polifenoli, vitamine, fibre e tanti composti fitochimici ad azione preventiva: i prodotti di questa stagione sono benefici sotto mille profili e, in più, versatili in cucina. Spesso, si prestano anche alla cottura ed è possibile trasformarli in squisiti dessert impreziositi da frutta secca tritata o – perché no? – da cioccolato fuso (fondente, *ça va sans dire!*).

Chi chiama la **mela** «frutto del peccato» non sa di cosa sta parlando! Il famoso detto popolare «Una mela al giorno toglie il medico di torno», infatti, che piace molto al mio guru, ovvero al professor Veronesi, nasconde una grande verità.

È stato recentemente scoperto da un team di ricercatori americani nel campo della nutraceutica e della nutrigenomica che chi si è sottoposto a una costante salutare «cura» di mele, la cui «posologia» si aggira attorno a una al giorno per trenta giorni, ha ottenuto una riduzione del 40 per cento del colesterolo LDL, quello cattivo. Perché accade questo? Grazie ai polifenoli, ai fitosteroli e alla vitamina C, che le mele contengono in abbondanza!

Le mele, però, non si accontentano di essere amiche del sistema cardiovascolare. Sono veri e propri supereroi: il loro succo riduce i batteri della bocca, quelli che provocano la carie, e sono quindi alleate anche di chi ha la fobia del dentista.

La loro buccia, poi, è potentissima: molti lavori della recente letteratura scientifica sottolineano come le mele abbiano la capacità di ridurre lo sviluppo delle cellule di alcuni tumori umani (come l'adenoma e il carcinoma del colon, il cancro del fegato e il melanoma). Nelle colture *in vitro*, lo sviluppo di queste cellule viene ridotto di circa il 30-40 per cento aggiungendo soltanto la gustosa polpa e del 50 per cento aggiungendo la mela con la relativa buccia (che sembra contenere una famiglia di sostanze, i triterpenoidi, che abbassano il rischio di sviluppare alcune forme tumorali).*

Le mele, inoltre, sono ricche di acqua e quindi idratanti, contengono calcio, fosforo, potassio e betacarotene, folati e ben 2 grammi di fibra per 100 grammi di prodotto. Le fibre sono presenti sia nella polpa sia nella buccia e favoriscono un buon funzionamento del transito intestinale (come potevate immaginare), ma anche il controllo della glicemia, grazie principalmente alla pectina, di cui questo frutto è ricco.

Infine, colpo di scena: le mele sono anche tra i frutti più ricchi di quercetina, un flavonoide della famiglia dei polifenoli con alti poteri antiossidanti e detossificanti, che protegge il polmone dai danni del fumo e ne contrasta l'infiammazione. Mi raccomando: mangiatele con la buccia, la quercetina – che secondo alcuni studiosi protegge anche dall'ictus – è lì!

* https://www.fondazioneveronesi.it/articoli/alimentazione/mela-tante-virtu-un-unico-frutto-salutare

Le star tra la frutta invernale, però, sono indubbiamente gli agrumi: arance, mandarini, pompelmi, mandaranci e limoni andrebbero consumati tutti i giorni perché contengono sostanze antiossidanti e massicce dosi di sali minerali e di vitamina C, capace di ridurre i sintomi delle malattie da raffreddamento e di migliorare le funzioni respiratorie, ma non solo. Questa vitamina, infatti, è utile anche per mantenere la pelle elastica e combattere i radicali liberi, che ne causano l'invecchiamento.

Le **arance**, ricche di vitamine e flavonoidi, sostengono il nostro sistema immunitario e hanno effetti benefici sul sistema cardiovascolare. Andrebbero mangiate a spicchi, senza eliminare mai completamente la parte bianca e spugnosa che le riveste: proprio lì si trova la rutina, una sostanza che aiuta ad assimilare al meglio il ferro e la vitamina C. Drenanti, depurative e antinfiammatorie, le arance saziano e aiutano a controllare la fame.

Il **limone**, invece, è il vegetale con il più alto contenuto di acido citrico, essenziale per il ricambio energetico delle cellule. Grazie ai citrati di sodio e di potassio, poi, esercita una discreta azione fluidificante sul nostro torrente circolatorio, così da migliorare il passaggio e la quantità di sostanze nutritive circolanti. È buona norma abituarsi a bere acqua e limone oppure grattugiarne un po' di scorza sulle verdure e sulle insalate: non solo le insaporirete, ma in questo modo favorirete l'assimilazione del ferro presente nel mondo vegetale.

E veniamo alle scorze: come nel caso della buccia di mela, anche le scorze degli agrumi sono particolarmente ricche di sostanze benefiche. Parlo dei flavonoidi, che, introdotti con costanza nella dieta quotidiana, contrastano il colesterolo e riducono il rischio di arteriosclerosi. Sembra che le scorze, inoltre, contribuiscano a diminuire i livelli di omocisteina, un aminoacido correlato con alti rischi d'infarto.

Quella del limone, in particolare, non solo contiene quattro volte la vitamina C presente nel succo, ma è anche ricca di limonene, una preziosa molecola della famiglia dei terpeni. Oltre a essere responsabile del caratteristico profumo di questo frutto (e infatti se ne trova in abbondanza nell'olio essenziale di limone, che si ricava dalla distillazione della scorza) è molto studiato dai ricercatori di nutraceutica e nutrigenomica per le sue proprietà antitumorali.

Parlando di vitamina C, è impossibile non citare anche il **kiwi**, verde bontà proveniente dalla Nuova Zelanda che viene prodotta anche in Italia – e ad altissimi livelli: i kiwi migliori sembrano essere quelli coltivati nelle zone di Latina e dell'Alto Casertano. Occhio all'acquisto: non tutti sanno che poca peluria significa maturazione forzata e, di conseguenza, meno sapore, ridotte proprietà nutrizionali e una consistenza filamentosa. Quindi, più la buccia è lanuginosa, più il frutto all'interno è buono! Se scelti nel giusto punto di maturazione, i kiwi sono dolcissimi e profumati, e fenomenali contro i malanni di stagione: fanno bene in caso di tosse, alleviano la sensazione di costrizione alla faringe e ci salvano dalla gola secca. Grazie all'elevato contenuto di potassio, proteggono i nostri vasi sanguigni – e dunque sono consigliatissimi in caso di vene varicose e di couperose, notizia che farà piacere a lettori e lettrici con la pelle sensibile!

LA VERDURA

Broccoli, cavolfiori, verza, cappuccio, cavoletti di Bruxelles sono tutti magnifici ortaggi appartenenti alla famiglia delle Brassicaceae, o Crocifere. Accomunati dall'inconfondibile odore pungente causato dai composti solforati che contengono, sono studiatissimi grazie alle numerose attività biologiche benefiche che queste sostanze svolgono per il nostro organismo.

Vediamo cosa dice la scienza. Un gruppo di ricercatori ha sottoposto a un grande numero di persone affette da tumore un questionario, per indagare le loro abitudini alimentari e il loro stile di vita. I risultati hanno dimostrato che chi consuma più di una porzione di Crocifere a settimana presenta un minor rischio di insorgenza di tumori in confronto a chi non ne consuma affatto.

Purtroppo la scienza non ci ha ancora fornito una chiara spiegazione dei meccanismi alla base di questa protezione, ma è certo che non si può attribuire questo effetto solamente ai composti solforati. Tutte le Crocifere, infatti, sono ricche anche di numerosi micronutrienti, vitamine e sali minerali, che interagiscono tra loro amplificando gli effetti benefici che traiamo dal consumo di frutta e verdura.

Ma non finisce qui: le Brassicaceae contengono anche fitoestrogeni, ormoni vegetali che collaborano alla prevenzione di molte malattie. Si tratta di molecole non steroidee, che si legano al recettore degli estrogeni imitandone o modulandone l'azione. Hanno azioni e strutture simili a quelle degli ormoni femminili, seppure con potenza inferiore. Se introdotti in quantità adeguata nell'alimentazione quotidiana, possono esercitare un interessante e protettivo effetto biologico sul nostro corpo. Assorbiti dall'intestino dopo una serie di processi metabolici eseguiti da parte della flora microbica intestinale, che permette la loro biodisponibilità (li rende cioè disponibili all'utilizzo) e attività biologica, i fitoestrogeni svolgono diverse azioni fisiologiche. Tra le altre, la prevenzione e la riduzione del rischio cardiovascolare, osteoporotico, del cancro mammario e dell'endometrio. Contribuiscono inoltre ad alleviare i sintomi menopausali medio-lievi e sembrano influire positivamente sulla riduzione del grasso circolante e dei radicali liberi.

Che dire? Approfittiamo di questa stagione per fare una bella scorta di Crocifere! Pronti a scoprire insieme a me le proprietà dei singoli ortaggi?

Le **cime di rapa**, cioè la parte ancora verde e non fiorita della rapa, sono vere e proprie bombe di salute. Fonte di ferro e di calcio, contengono anche diverse vitamine, tra cui la C che, come ripeto spesso, viene «neutralizzata» dalle cotture troppo lunghe. Meglio quindi privilegiare cotture brevi e in poca acqua: io di solito sminuzzo broccoletti e compagnia bella in bocconcini di piccole dimensioni, così da cuocerli davvero in pochissimi minuti. Ridurre in pezzettini, fra l'altro, è il modo migliore per attivare i composti solforati, che sono presenti nelle cime di rapa in stato inattivo.

Tra le altre sostanze, le cime di rapa contengono anche sali minerali (che conferiscono loro proprietà antiossidanti e disintossicanti), acido folico, fosforo, le vitamine A e B2. Per assimilare al meglio il ferro, vi suggerisco di sbollentarle in acqua salata e di condirle con un po' di succo o di scorza di limone o – perché no? – accompagnare il pasto con una buona spremuta!

I **broccoli** sono le Crocifere che amo di più: in vellutata, al salto, al vapore con olio e semi di sesamo tostato, peperoncino e pecorino, oppure come polpette croccanti... Mamma mia, quanta bontà e, soprattutto, salute! Perché i broccoli, ebbene sì, sono armi potentissime nella lotta contro il cancro, in particolare quello allo stomaco, al seno e al colon (come suggerisce un articolo pubblicato sulla prestigiosa rivista «Proceedings of the National Academy of Science»). Questo grazie all'altissimo contenuto di sulforafano, una molecola dal nome impronunciabile in grado di inibire l'azione degli agenti cancerogeni.

Altri studi stanno indagando gli effetti del consumo regolare di broccoli sui valori del sangue legati all'infiammazione: dopo soli 10 giorni di consumo quotidiano di una porzione da 250 grammi di questi ortaggi, è stato notato un miglioramento di alcuni valori. Vi terrò aggiornati sugli sviluppi!

Siamo invece assolutamente certi delle proprietà nutrizionali dei broccoli, dei quali non si butta via niente: stelo e fiore sono entrambi ricchissimi di vitamina C, vitamina A (necessaria per l'integrità della cornea, della pelle e delle membrane cellulari) e di potassio (che aiuta a combattere ansia, stanchezza e insonnia).

I **cavoli** fanno bene, benissimo! Sono superamici del nostro corpo: innanzitutto, combattono lo stress ossidativo senza esclusione di colpi (è il caso della verza, ricca di carotenoidi e flavonoidi); poi, grazie al sulforafano e agli isotiocianati, aiutano nella prevenzione dei tumori intestinali e inibiscono il diffondersi e la proliferazione delle cellule tumorali. La sinigrina, invece, contenuta nei **cavolini di Bruxelles**, esercita un'azione apoptotica sulle cellule precancerose del colon, provocandone la morte.

Casomai queste eccellenti ragioni per correre dal fruttivendolo a procurarsene una scorta ancora non bastassero, sappiate che i cavoli contengono anche vitamina C in quantità, acido folico, fibra, potassio e alcune sostanze che influiscono positivamente sull'azione e il metabolismo degli ormoni. Si tratta dei fitoestrogeni (in particolare gli indoli), dei cui effetti ho parlato qualche paragrafo sopra, e dei tioossazolidoni, sostanza solforica che, assunta con regolarità, inibisce l'azione degli ormoni tiroidei sul punto di formare il gozzo.

I meravigliosi e potentissimi composti solforati, di cui ho parlato a proposito delle Crocifere, per la nostra gioia sono contenuti anche altrove e in particolare in aglio e cipolla. Questo magico duo non è solo accomunato dalla bontà, ma anche dalla capacità di proteggere il nostro corpo dal cancro allo stomaco. Pare inoltre che i composti solforati in esso contenuti rallentino la crescita dell'*helicobacter pylori*, il batterio che causa ulcera e gastrite.

L'**aglio**, che la saggezza popolare ha efficacemente soprannominato «antibiotico naturale», svolge una notevole azione antibatterica, antiossidante e antimicotica. Grazie ad alcuni composti (solfuro di allile, ma anche altri composti solforati come l'ajoene e l'allicina) protegge il cuore, aiuta a tenere sotto controllo la pressione e rallenta l'insorgenza di disturbi cardiovascolari. Il composto solforato che contiene è l'allina, capace, sotto forma di allicina, di prevenire l'insorgenza del tumore al colon. Funziona così: nel momento in cui apriamo uno spicchio d'aglio, le cellule che lo compongono liberano un enzima, l'allinasi, che entra in contatto con l'allina e la trasforma in allicina, la sostanza responsabile dell'odore tipico di questo ortaggio e così benefica per il nostro corpo. Non è un caso che l'aglio venga tritato o schiacciato, in cucina! Volendo, potete anche strofinarlo, come si fa in Toscana quando si preparano le bruschette al pomodoro: quelle fette di pane saranno fonti ineguagliabili di allicina!

Le **cipolle**, invece, hanno proprietà antinfiammatorie perché, oltre ai composti solforati, contengono una sostanza di nostra conoscenza, cioè la quercetina (presente anche nella buccia della mela). Ecco perché ci aiutano a regolare la quantità di trigliceridi e colesterolo nel sangue, ecco perché sono indicate nella dieta dei cardiopatici ed ecco perché proteggono i cuori di tutti noi dall'insorgenza di disturbi cardiovascolari! In cottura, purtroppo, parte delle loro proprietà vanno perdute: consumarle crude sarebbe l'ideale, aggiunte a insalatone di verdure di stagione e legumi; se però non siete di questo avviso, perché magari il solo vedere una cipolla vi rallenta la digestione, il mio consiglio è di bollirle, tritarle a mano o con un frullatore e tenerle da parte. In questo modo, le avrete sempre pronte: le vostre ricette ne guadagneranno in sapore e proprietà nutrizionali ed eviterete di soffriggerle, un procedimento non esattamente salutare.

L'ultima famiglia di vegetali di cui voglio parlarvi è quella delle Chenopodiaceae e in particolare delle **barbabietole**. Rosse e buonissime, sono ricche di sali minerali (sodio, calcio, potassio, ferro e fosforo), di vitamina A, C e B, e in particolare di B9, l'acido folico, fondamentale per le future mamme!

Grazie alle antocianine, i pigmenti rossi, la barbabietola svolge una potente azione antiossidante, combattendo i radicali liberi, e un'azione lenitiva, attenuando le infiammazioni dell'apparato digerente. Molto idratante, contrasta le malattie del fegato, è ottima per depurare l'organismo e indicata nelle diete ipocaloriche.

Trattandosi di un vegetale assai sottovalutato in cucina, può tranquillamente capitare di non avere idea di come cucinarlo. Ma per questo, come immaginerete, ci sono io! Innanzitutto, in commercio la barbabietola la troviamo fresca, lessata (confezionata sottovuoto), essiccata in polvere o in busta, tagliata a julienne, pronta per arricchire eccellenti insalate autunnali! La mia preferita? Barbabietola a julienne con verza cruda e patate lessate... una vera bontà!

Seguendo l'arcobaleno, dopo il rosso troviamo l'arancione: se la vostra mente è corsa a Halloween, bravi, ci avete preso! Sto per parlarvi proprio di lei, della **zucca**, uno dei vegetali che preferisco per preparare le vellutate.

Innanzitutto, il colore: lo dobbiamo al betacarotene, e cioè alla vitamina A, che contiene in abbondanza, ben 600 mg per per ogni 100 grammi, vale a dire il fabbisogno giornaliero per una donna. Per il resto, la zucca è composta di acqua (al 94 per cento) ed è però ricchissima di sali minerali, potassio, calcio, fosforo e fibra: se siete a dieta, non fatevela scappare! Farei prima a dirvi a che cosa non fa bene, perché dal punto di vista nutraceutico è spettacolare, ma mi darebbe meno soddisfazione! Preferisco decisamente dirvi che combatte i radicali liberi, idrata la pelle e aiuta a mantenerla giovane e bella; facilita le funzioni intestinali e ha proprietà diuretiche e antinfiammatorie; è alleata dell'apparato cardiocircolatorio e consigliata in caso di ipertensione. Come se non bastasse, recenti studi sostengono che aiuti a prevenire diversi tumori, tra cui quello all'utero. Infine, la saggezza popolare le attribuisce da secoli qualità calmanti e soporifere: scommetto che i più stressati tra voi ne trarranno indubbiamente giovamento!

LE BEVANDE

Se alle 5, mentre fuori infuriano le intemperie, vi viene voglia di un buon tè, vi spiego subito il motivo. In inverno fa freddo: abbiamo già detto che il corpo ha bisogno di venire riscaldato non solo coprendosi ma anche a tavola (e infatti ho citato il bisogno di riabituarsi, in autunno, a consumare cibi caldi, dopo le insalatone e le crudità dell'estate). Ecco il perché di questo paragrafo: zuppe e minestre a parte, sono numerosissimi i modi per scaldare l'organismo, e uno di questi è godersi bevande calde, in alcuni casi bollenti, benefiche non solo grazie alla loro temperatura, ma anche alle proprietà nutrizionali. Passiamone in rassegna qualcuna.

Innanzitutto, il **tè verde**. Arcinoto per le sue proprietà antiossidanti (studi scientifici sostengono che ne basti una tazza al giorno per combattere i radicali liberi nel sangue), il tè verde è anche un potente antitumorale, ma ci sono tè e tè. Il mio preferito? Il **tè matcha**, venduto sotto forma di una polvere verde smeraldo, finissima e molto profumata. Recenti studi hanno dimostrato che essa contiene circa 140 volte il contenuto di antiossidanti del normale tè verde, oltre a vitamine, sali minerali, clorofilla e carotene in abbondanza, polifenoli e diversi aminoacidi (che riducono lo stress fisico e psicologico), e l'acido glutammico (che agisce sul sistema nervoso centrale).

Sono certo che ve ne innamorerete almeno quanto me: il punto è, se volete dormire, trattenetevi dal berne troppo, visto che contiene ancora più teina rispetto al tè nero! Se soffrite di insonnia, non bevetene una tazza dopo le sette di sera... Per chi proprio la teina non la regge (e sarebbe costretto a fermarsi ben prima delle sette), ecco il **tè bancha**: meno teina, ma comunque tanti antiossidanti, e poi ferro, calcio e vitamina A. Fortemente diuretico, il tè bancha svolge un'azione ipoglicemizzante e depurativa del sangue. Direi che avete l'imbarazzo della scelta!

Vediamo ora i latti vegetali, ottimi per chi desidera ridurre l'apporto di alimenti di origine animale, ma anche per gli intolleranti al latte vaccino. Voglio fare un rapido paragone: delle proteine contenute nel latte materno umano, solo il 4 per cento sono caseina; il latte bovino contiene il 400 per cento in più di proteine rispetto a quello umano, e di queste la caseina è la più abbondante (80 per cento). Ecco perché spesso risulta poco digeribile: una simile quantità semplicemente non viene tollerata dal nostro corpo (specie in età adulta).

Se state pensando che il latte contiene il calcio e che non potete farne a meno, vi basterà ripercorrere le pagine precedenti per realizzare che il calcio si trova in abbondanza anche altrove, per esempio nel sesamo, nella frutta secca e nei vegetali a foglia verde. Prendiamo la rucola: ogni 100 grammi, apporta 160 mg di calcio, mentre il latte solo 120. La palma della vittoria spetta però al sesamo, con 810 mg ogni 100 grammi!

Il latte vegetale più diffuso è il **latte di soia**, composto per il 90 per cento di acqua, mentre la quantità di soia oscilla tra il 4 e l'8 per cento. In commercio ne trovate di diversi tipi: zuccherati e non, aromatizzati e vitaminizzati. Io scelgo sempre il più naturale: preferisco aggiungere lo zucchero a casa, nella quantità che più mi piace.

Si riesce a trovare senza problemi anche il **latte di riso**, costituito per più dell'80 per cento di acqua e dal 15-20 per cento di riso. È possibile che, leggendo l'etichetta, notiate un 5-8 per cento di zuccheri anche nel prodotto naturale non zuccherato: questo accade perché il riso contiene esso stesso degli zuccheri!

Il **latte di avena** è simile per composizione a quello di riso (gli zuccheri sono attorno al 5 per cento): io lo uso soprattutto per preparare budini e altri dolci al cucchiaio.

Il più ricco in assoluto di nutrienti (e il mio preferito), però, è il **latte di mandorla**. So che siamo abituati ad associarlo a una bevanda fresca che si consuma d'estate, ma è ovviamente possibile consumarlo anche in inverno: potete prepararlo a casa, non zuccherato, lasciando le mandorle in ammollo per 1 ora, quindi frullandole con un'aggiunta d'acqua e filtrando il liquido ottenuto.

I buoni sempre

Abbiamo appena fatto conoscenza con i protagonisti della nostra tavola nei prossimi mesi. Sono sufficienti per una dieta varia ed equilibrata? No, naturalmente! Per cucinare piatti appetitosi e bilanciare la nostra dieta dal punto di vista nutrizionale, abbiamo bisogno di altri ingredienti: cereali, proteine, condimenti, spezie... Li ho chiamati «i buoni sempre», perché sono ingredienti che la natura (e talvolta la mano delicata e sapiente dell'uomo) ci dona in tutte le stagioni.

Ci aiuterà a scoprirne le caratteristiche e le potenzialità la mia collega e nutrizionista Elena Dogliotti, che ci racconterà i superpoteri funzionali di una molecola per ogni cibo, ovvero come e perché questi alimenti riescono a farci stare bene.

Pronti? Cominciamo dalla A: non poteva appartenere che a...

AVENA

Ricca di fibre che ci aiutano a ridurre il colesterolo cattivo, l'avena è un cereale in chicco che contiene ben 17 g di proteine ogni 100 g di prodotto: è dunque, come i legumi, un'eccellente fonte di proteine vegetali. Dato che è molto nutriente, è perfetta come ingrediente delle barrette multicereali (io di solito le preparo in casa e le gusto nella pausa pranzo) o della «colazione dello sportivo». La mia preferita è composta da 2 cucchiai di fiocchi d'avena, yogurt vegetale, 3-4 noci tritate, 2-3 mandorle, un cucchiaino di uvetta e uno di miele; abbino un mezzo frutto fresco e la giornata mi sorride!

L'avena secondo Elena: «È ricca di acido fitico, che ha proprietà antitumorali ed è protettivo, soprattutto per il colon».

BANANA

Deliziosa, zuccherina e divertente, la banana è una bomba di energia che consumo a colazione, come spuntino o che frullo insieme ad altri frutti per ottenere gli smoothie della salute. Grazie all'alto contenuto di potassio e fibre, aiuta a preservare il sistema muscolare, rendendolo bello tonico, e a regolare la pressione del sangue.

La banana secondo Elena: «È ricca di vitamina B6, necessaria alla produzione di serotonina, un neurotrasmettitore sintetizzato nel cervello che contribuisce a regolare diverse funzioni; fra le altre, il ritmo sonno-veglia, il senso di sazietà e l'umore».

CIOCCOLATO FONDENTE

Un quadratino di cioccolato al giorno toglie il dietologo di torno: pare infatti che chi ne mangia un pezzettino quotidianamente sia più magro di chi non lo fa. Sotto, dunque, con la barretta di cioccolato fondente, ricordando che più cacao contiene meglio è (il 72 per cento è l'ideale).

Il cioccolato fondente secondo Elena: «Ricco in flavonoidi, potenti antiossidanti naturali, il cioccolato protegge il sistema cardiovascolare».

LEGUMI

Non solo proteine (vegetali): i legumi apportano al nostro organismo anche altri composti preziosi, come fibre e acidi grassi essenziali. È vero, i prodotti di origine animale – come uova, pesce, carne e latticini – contengono proteine più «complete», ma consumarne in quantità eccessive non è per niente salutare. Come comportarsi? Be', variando la propria dieta e combinando gli alimenti nella maniera corretta sarà possibile ottenere tutto ciò di cui si ha bisogno.

I **ceci**, per esempio, nel classico binomio «pasta e ceci» apportano tutti e 8 gli aminoacidi essenziali che il nostro corpo non produce e di cui ha bisogno.

I **fagioli rossi** invece sono amici del sistema cardiovascolare, perché aiutano a tenere sotto controllo la pressione e a distruggere il colesterolo cattivo grazie al ricco contenuto di ferro, potassio e fibre.

Nelle **lenticchie**, poi, troviamo vitamine del gruppo B, ferro e magnesio, ma anche i lignani (sostanze che favoriscono il potenziamento del sistema immunitario).

La **soia**, infine, è ricca di acidi grassi essenziali, soprattutto gli Omega-3, ma anche gli isoflavoni, che proteggono da alcuni tumori. Io ne gusto soprattutto il latte e i suoi derivati, sotto forma di yogurt o di spaziali cappuccini, per cominciare la giornata alla grande!

I legumi secondo Elena: «Le lenticchie, in particolare, ma anche la soia, contengono fitoestrogeni, che contribuiscono ad abbassare il rischio di sviluppare il tumore al seno, alla prostata e al colon».

OLIO EXTRAVERGINE DI OLIVA

Avete presente il licopene, quell'antiossidante naturale capace di prevenire il tumore alla prostata e il danno che i raggi del sole provocano sulla pelle? Lo troviamo nel pomodoro, è la sostanza che lo rende rosso. Vi starete chiedendo: ma non dovevamo parlare dell'olio d'oliva? Domanda pertinente. Il fatto è che l'olio extravergine di oliva, ricco esso stesso di antiossidanti e di vitamina E, esalta l'azione del licopene: ecco perché la più mediterranea delle insalate o una classica pasta al pomodoro condita con un filo d'olio sono pasti sani e bilanciati.

L'olio extravergine di oliva secondo Elena: «L'olio contiene un'alta percentuale di grassi monoinsaturi, quelli buoni, grazie ai quali contribuisce a regolare il colesterolo e a mantenere il cuore in salute».

PANE E PASTA INTEGRALI

Senza, devo ammettere che mi sentirei un po' sperduto... Pane e pasta integrale, insieme ai cereali, sono la base della mia dieta e, grazie alle loro proprietà, non dovrebbero mancare in quella di nessuno.

Cominciamo dall'inizio, cioè dalla fibra: i cibi integrali ne contengono una quantità maggiore rispetto a quelli raffinati, e sappiamo bene quanto la fibra sia importante! Non solo facilita il transito intestinale e aumenta il senso di sazietà, ma aiuta a ridurre l'assorbimento dei grassi e protegge dal rischio di sviluppare alcuni tipi di cancro. In più, i cibi integrali sono ricchi di sali minerali e vitamine, in particolare la E e la B.

Pane e pasta integrali secondo Elena: «La percentuale di proteine contenuta in questi alimenti concorre ad abbassare l'indice glicemico della pasta, il che li rende davvero sani».

PESCE AZZURRO

Il pesce azzurro è l'indiscusso protagonista quando si parla di proteine animali: sardine, acciughe, sgombri e altre meraviglie del mare sono da preferire ad altri innanzitutto perché accumulano una quantità di inquinanti minore rispetto a quella che invece assorbono pesci più grandi. Per non parlare delle sostanze che contengono: calcio in abbondanza, Omega-3 e Omega-6, e tutto questo combinato con pochissimi grassi.

Il pesce azzurro secondo Elena: «Gli acidi grassi essenziali che presenta, come l'acido linoleico e il linolenico, contribuiscono a mantenere il livello corretto di colesterolo HDL, quello buono. Ecco perché il pesce azzurro è consigliato per la prevenzione di infarti e ictus».

QUINOA

In insalata, frullata e trasformata in polpette o in hamburger, ma anche cotta in forno e servita come tortino, la quinoa è una delle fonti di proteine vegetali che preferisco. Contiene anche aminoacidi essenziali come lisina, cisteina e metionina, che ci aiutano a mantenere tonici e attivi i nostri muscoli e a regolare il metabolismo.

La quinoa secondo Elena: «Del tutto priva di glutine, la quinoa è un cibo ideale per i celiaci; inoltre presenta un alto contenuto di vitamine (B e C) e sali minerali (potassio, manganese, fosforo, zinco, calcio e ferro)».

SEMI

Quelli di girasole sono ricchi di vitamine, quelli di papavero sono un rimedio naturale contro l'ansia e lo stress, mentre quelli di zucca contengono proteine, fosforo, fitosteroli, manganese e magnesio: sto parlando dei semi oleosi, un capolavoro della natura che in cucina stanno acquisendo sempre di più un loro spazio. Io li sgranocchio così come sono, magari come spuntino prima di pranzo o di cena, oppure li tosto e li mescolo a insalate e piatti unici.

I semi secondo Elena: «Naturalmente ricchi di proteine, i semi oleosi aiutano a proteggere il cuore e sono dunque indicati in una dieta sana e variata».

SPEZIE

Sale, addio! Da oggi i nostri piatti avranno tutt'altro sapore: quello della salute! I nostri complici saranno spezie come la curcuma, il peperoncino e lo zenzero, tutti con altissimo potere antiossidante e antinfiammatorio. La prima è uno degli ingredienti del curry, il secondo lo utilizzo come vero e proprio sostituto del sale, il terzo mi piace fresco, magari grattugiato: lo aggiungo a ogni piatto.

Le spezie secondo Elena: «Secondo alcuni recenti studi, sembra che il peperoncino aumenti il metabolismo basale, cioè il dispendio energetico minimo del nostro corpo, necessario per mantenere le funzioni vitali e lo stato di veglia. Aumentarlo significa favorire il dimagrimento».

VINO ROSSO

Un bicchiere al giorno fa bene, lo dicono tutti i cardiologi! Ricco di polifenoli e antocianine, il vino rosso ha un effetto protettivo sulle nostre arterie e sul sistema cardiovascolare.

Il vino rosso secondo Elena: «Grazie ai flavonoidi, un consumo regolato di vino rosso (non più di 1 bicchiere al giorno per le donne e 2 per gli uomini) può contribuire a ridurre anche il rischio di diabete di tipo 2».

Vi ho bombardato di informazioni, me ne rendo conto. Non dovrete naturalmente imparare tutto a memoria: il mio consiglio è di avvicinarsi pian piano a un nuovo stile alimentare e di vita, del quale sono parte integrante lo sport e il movimento, testando gli effetti (positivi, ve lo assicuro) di nuovi ingredienti e ricette prelibate sul proprio corpo e sulle energie a disposizione.

Nelle prossime pagine vi racconterò cosa è successo a me in 30 giorni, spero che abbiate voglia di seguirmi e, poi, di raccontarmi com'è andata!

Diario

Questo nuovo percorso ho deciso di «disegnarlo» in 30 giorni per poi ripeterlo nei successivi mesi invernali ripartendo dal giorno 1. La stagionalità degli alimenti è la stessa, gli esercizi anche... l'obiettivo è rendere abituale un gesto, un movimento, un esercizio, una particolare colazione o un pasto. E voi, attraverso la ripetitività, farete vostra ogni mia giornata.

Ogni mattina Daniele quando si sveglia mi manda un «smsdellasalute» con delle brevi istruzioni per come iniziare la giornata: preferisco eseguire gli esercizi subito appena alzato, prima ancora della colazione!

Consiglio anche a voi di «provare» ad anticipare la sveglia di 5 minuti (vi basteranno) per iniziare questo percorso di mantenimento della salute. Sareste in pochi a uscire di casa alle 6.30 in pieno inverno per una bella corsetta, so bene che è difficile e Morfeo e il calduccio di casa sono i migliori compagni dei mesi più rigidi, ma con questo «programma» vi divertirete e sono sicuro che sarete i primi a stupirvene...

Alla fine dei 30 giorni trovate un *Dizionario del fitness* nel quale Daniele ha descritto nel dettaglio gli esercizi base, così da consentire a chiunque un'esecuzione corretta.

Direi che non resta altro che vivere di movimento e sana cucina...

GIORNO 1

#smsdellasalute 1

Buongiorno Marco!! Non dirmi che sei sempre a letto!?! Giù le coperte, è tempo di muoversi!! Oggi voglio che tu faccia due esercizi semplici ma importanti!! Squat libero 4x10/20 (max) rec 4''. Infernal Crunch 4x20 rec 30''. Ok? Forza! È il momento di andare!! Buon benessere e buona giornata!!

Ottimo, inizio alla grande direi! Ha ragione Daniele ad augurarmi un buon benessere, perché per restare in salute (e salute vuole dire anche in forma) bisogna muoversi! Devo essere sincero, non ho nemmeno sudato, ma sono contento di aver lavorato, quindi ora doccia e colazione!

Non so se saranno tutti così questi smsdellasalute, ma come inizio non c'è male. L'idea di «spendere» poche manciate di minuti per restare in salute mi piace.

Ho comprato proprio ieri del pane di segale davvero buono, con gli ingredienti giusti e con farine integrali al 100 per cento. Non riesco sempre a fare questo tipo di colazione, ma oggi era d'obbligo con questo pane. Leggermente tostato, tagliato a fette, l'ho divorato con un velo di miele (la melata del mio amico Renato) e marmellata di arance amare (che adoro). Vi sembrerà strano, ma amo le confetture poco dolci. Dopo le mie tre fette di pane tostato (una con miele e due con marmellata), eccomi a divorare un piccolo yogurt di soia alla pera che accompagno a una pera tagliata a pezzetti. Il caffè? Quello, amici, ci sarà sempre!!! Ogni mattina, rigorosamente non zuccherato.

Scommetto che mai avreste pensato a questo abbinamento di ingredienti, eppure vi posso garantire che è un tripudio di sapore oltre che di benessere. Tanto, e dico tanto, ferro, proteine e fibre!

Pranzo

Pasta integrale con fagioli rossi, spinaci freschi (in busta), pomodori secchi, cipolla di Tropea

320 g di pasta integrale
200 g di fagioli rossi lessati
8/10 pomodori secchi reidratati
1 cipolla di Tropea
1 ciuffo di spinaci freschi
4 cucchiai di olio EVO
1 pizzico di sale
pepe nero

Cuocete la pasta integrale in una casseruola di acqua leggermente salata e portata a bollore. Nel frattempo, scolate e risciacquate abbondantemente i fagioli rossi e riuniteli in un'ampia ciotola insieme ai pomodori secchi reidratati e tagliati a listarelle, alla cipolla di Tropea e agli spinaci tritati finemente. Una volta raggiunta la cottura al dente, scolate la pasta e sciacquatela sotto l'acqua fredda per ridurre il rilascio degli amidi. Unite la pasta al condimento, quindi aggiungete un filo di olio EVO e una macinata di pepe nero. Servite tiepida, riscaldata al volo nel microonde oppure a temperatura ambiente o intiepidita sul termosifone!

Cena

Vellutata di cavolfiore con funghi arrostiti
e salmone affumicato

1 cavolfiore
300 g di funghi misti
200 g di ceci lessati
300 g di filetto di salmone affumicato in scatola
1 ciuffo di prezzemolo fresco
1 spicchio di aglio
mezzo porro
4 cucchiai di olio EVO
pepe nero

Tagliate il porro a rondelle sottili, riducete il cavolfiore a cimette e fateli cuocere in una casseruola con poca acqua. Una volta cotti, frullateli con i ceci. In una padella antiaderente stufate i funghi con l'aglio, dopo circa 10 minuti arrostiteli aggiungendo un cucchiaio di olio EVO e all'ultimo momento spolverate di prezzemolo fresco. Servite la crema disponendo in superficie i funghi arrostiti, il salmone affumicato, ancora una spolverata di prezzemolo fresco e una macinata di pepe nero.

GIORNO 2

#smsdellasalute 2

Olà Marco! Iniziamo anche oggi la giornata nel migliore dei modi?? Per te questa mattina: Push Up (con ginocchia a terra) 4x15 rec 30''. Ginocchia al petto 4x20 rec 30''. Annota ed esegui! Ti aiuterà a iniziare la giornata con una carica e un gradino di benessere in più! Vai sempre oltre te stesso!!! A dopo!

Dopo aver annotato ed eseguito quanto il buon Dany mi ha chiesto di fare, eccomi pronto per la colazione. Oggi sarà il mio menu classico: yogurt vegetale al mirtillo nella mia capiente ciotola con due pugni di avena e un pugno di frutta secca (noci, nocciole, mandorle).

Vi confesso che in questo periodo ho una predilezione per la «frullata», ovvero passo al mixer questi ingredienti tutti insieme, magari aggiungendo anche una banana... insomma una crema Budwig (quella della dottoressa Kousmine) rivisitata! È ottima anche con un pochino di cannella, tanto per ricordarci che siamo nei mesi autunnali/invernali.

Pranzo

Bicchiere di crema di ceci e cannellini con olive taggiasche, scorza di limone ed erba cipollina

Questo pranzo è davvero semplice da preparare, ma è soprattutto gustoso. Vi basterà avere in casa un frullatore a immersione o un robot da cucina e il gioco è fatto. Potete scegliere di lessare i legumi oppure di acquistarli surgelati o – perché no? – utilizzare quelli in vetro già lessati, purché li risciacquiate un paio di volte (e bene) sotto l'acqua.

200 g di ceci lessati
200 g di fagioli cannellini lessati
150 g di caprino light
4 cucchiai di salsa thain (crema di sesamo)
1 limone
20 olive taggiasche
1 ciuffo di erba cipollina
2 cucchiai di olio EVO
pepe nero

In un robot da cucina, frullate i ceci e i cannellini, precedentemente ben risciacquati, il caprino, la salsa thain, il succo del limone (di cui conservate anche la scorza), un paio di cucchiai di olio EVO e una macinata di pepe nero, fino a che non ottenete la cremosità desiderata. Aggiungete qualche cucchiaio di acqua se risultasse una crema troppo densa. Sminuzzate le olive e l'erba cipollina a coltello/mezzaluna su un tagliere e quindi riempite i bicchieri di crema e guarnite con il trito di olive sminuzzate, erba cipollina e scorza di limone grattugiata.

Cena

Terrina di zucca, cavolfiore e riso basmati profumata al timo fresco

Quante sere autunnali vanno a finire così... basta avere in casa della zucca e la nostra terrina è ciò che più desideriamo. Ebbene sì, siamo «sedotti» da questo ortaggio: ci piace piace piace! Il mio consiglio è di acquistare la zucca sempre porzionata, per scegliere quella più arancione. Io preferisco la qualità delica o mantovana: a mio modo di vedere la più «pastosa» e «gustosa». Ho scelto poi il riso basmati perché, pur essendo un riso «bianco», ha una quantità di amido inferiore al riso «normale», quindi possiamo includerlo come alternativa di cereali nella nostra dieta! Provatelo semplicemente con broccoli e carote al salto e tanto cumino! È un piatto davvero buono e veloce da preparare.

1 zucca mantovana
1 cavolfiore
mezzo spicchio di aglio
5 cucchiai di olio EVO
un mazzolino di timo fresco
320 g di riso basmati
1 pizzico di sale

Pulite il cavolfiore e la zucca mantovana, riducendo in cimette il primo e a cubetti la seconda dopo aver eliminato la buccia. Stufateli in una padella antiaderente insieme a mezzo spicchio di aglio e a un rametto di timo fresco, allungando il tutto con mezzo bicchiere di acqua; dopo circa 10 minuti aggiungete un paio di cucchiai di olio EVO. Radunate la verdura stufata in terrine monoporzione e condite con un paio di cucchiai di olio EVO e 1 pizzico di sale, quindi terminate la cottura in forno per 5/10 minuti (a seconda del forno) a 220 gradi con impostazione grill. Servite le terrine aggiungendo un cucchiaio di olio EVO a crudo, una spolverata di timo fresco e il riso basmati bollito in superficie. Il riso potrete anche sceglierlo tra quelli «precotti», cioè pronti in 2 minuti!

GIORNO 3

#smsdellasalute 3

Ciao Marco!!! Anche oggi nessuna scusa per non muoversi! 10 minuti per iniziare alla grande!!! Hai un elastico? In caso contrario, nessun problema!! Due bottiglie d'acqua e diamoci dentro!!! Rematore a gomiti stretti 4x15/20 (max) rec 30''. Flessioni laterali a gambe distese 3x20xlato no rec. Detto questo, Let's go!!!

Un giorno ti voglio qui a casa mia e questi esercizi li fai insieme a me, caro Daniele. Sono solo pochi caratteri ma ci sono delle mattine, come questa, in cui onestamente ho ben poca voglia di lavorare, anche se, devo essere sincero, una volta fatti sono più felice! Sante endorfine e santo Dany!

Oggi faccio colazione con una crema di arachidi e semi di lino che mi ha regalato il mio amico e compagno di funzionale, Nicola (Pagliaccio). Davvero ottima... Spalmata su pane integralissimo acquista ancora più gusto. Quindi, pane e crema di arachidi accompagnati da un buon caffè, sempre rigorosamente amaro ma molto molto lungo, stile caffè americano.

Pranzo

Orecchiette integrali con mandorle tostate e cime di rapa

Un piatto unico che unisce stagionalità e tradizione! Ecco le mie orecchiette integrali con mandorle tostate e cime di rapa. Ovviamente possiamo modificare la ricetta in base ai nostri gusti e cioè nocciole anziché mandorle o, perché no, acciughe e cipolla al posto dell'aglio! Provate questa alternativa!

400 g di cime di rapa fresche
320 g di orecchiette integrali
60 g di mandorle
qualche spicchio di aglio (facoltativo)
4 cucchiai di olio EVO
1 pizzico di sale
pepe nero

Cuocete le cime di rapa in acqua leggermente salata, quindi scolatele e nella stessa acqua a bollore fate cuocere le orecchiette integrali. Parallelamente, in un padellino antiaderente fate tostare le mandorle precedentemente tritate grossolanamente. Una volta cotte, scolate le orecchiette e sciacquatele sotto l'acqua fredda per ridurre il rilascio degli amidi. In un'ampia ciotola, unite le orecchiette alle cime di rapa, tagliate grossolanamente al tagliere, e alle mandorle tostate, condite con l'olio EVO e il pepe, quindi servite. Per i più audaci è possibile far saltare le cime di rapa con qualche spicchio di aglio tritato e le mandorle.

Cena

Tofu al pepe

Questa sera? «Finto pollo» croccante! Tofu al pepe e un po' di orecchiette avanzate oggi a pranzo! Meraviglioso poter consumare piatti riscaldati: i sapori diventano più intensi e tutto prende un gusto diverso, quanto è buono! Spesso e volentieri cucino appositamente con il doppio degli ingredienti proprio per potermi assicurare un altro «pasto» il giorno seguente! La ricetta del tofu, eccola qui. Non divoratelo bollente, lasciatelo intiepidire per bene!

800 g di tofu al naturale
200 g di farina di mais fioretto
2 cucchiai di pepe nero
2 cucchiai di pepe bianco
1 cucchiaio di pepe nero macinato grosso
3 cucchiai di olio di mais
3 cucchiai di olio EVO
3 cucchiai di semi di sesamo
salsa di soia

Tagliate il tofu a cubetti di circa 3 cm e passateli per bene nella farina di mais mescolata con il pepe nero e bianco. Attenzione: ogni lato si dovrà impanare completamente! Ripassateli più volte... Saltateli in padella (meglio un wok caldissimo) con l'olio di mais e l'olio EVO. Girateli in continuazione, meglio se con una pinza da cucina, fino a quando si sarà formata una crosticina. Serviteli nel piatto da portata cospargendoli di semi di sesamo e unendo qualche goccia di salsa di soia.

GIORNO 4

#smsdellasalute 4

Psss sveglio amico mio?? Operativo?? Salta giù dal letto che questa mattina, anche se hai poco tempo, 10 minuti li dedichi a farti del bene! Le bottiglie di ieri?? Riprendiamole!! Anche oggi ti serviranno!!! Eseguiremo un lavoro di braccia!! Curl insieme 3x30 rec 1′. Push sulla sedia 3x30″ (max) rec 1′. Detto questo passo e chiudo! E ricorda sempre: Niente è impossibile!!

Caro Daniele hai ragione, niente è impossibile, quindi ce la posso fare...

Sento i muscoli che mi parlano, iniziano a odiarti ma sto spiegando loro che è un investimento nella salute a lungo termine. Spero capiranno!

Visto che mi avanza ancora tempo, stasera pizza senza glutine, con la ricetta della mia amica Lucia Santoro. Preparo l'impasto ora perché più lievita e più sarà digeribile.

La colazione? Oggi dopo il solito caffè una mia barretta e un bel bicchiere di spremuta e poi subito a impastare per la pizza di Lucia.

Pranzo

Riso basmati integrale «abbronzato» con cavolfiore e curry

Per restare in tema gluten-free, oggi a pranzo mi organizzo con una ricetta davvero rapida e saporitissima! Una sera l'avevo preparato a Veru e, come una bimba di fronte a un piatto di leccornie, ha esclamato: «Ma è troppo buono! Lo prepari sempre così il riso?». Ecco a voi la ricetta.

mezzo cavolfiore
320 g di riso basmati integrale o riso rosso
3 cucchiai di pane di grano saraceno grattugiato
2 cucchiai di olio EVO
1 cipolla
mezzo cucchiaino di curry

Sbollentate il cavolfiore dopo averlo ridotto in cimette e, contemporaneamente, cuocete il riso basmati sfruttando per la cottura a vapore quello formatosi durante l'ebollizione. Cotto il riso e sbollentate le cimette di cavolfiore, siamo quasi pronti per sederci a tavola. In una padellina antiaderente fate saltare il riso ben scolato con 2 cucchiai di olio EVO, la cipolla tritata molto finemente e il pane di grano saraceno grattugiato. Dopo pochi minuti, quando il pane e di conseguenza il riso si sono «abbronzati», aggiungete il cavolfiore e il curry, mescolate a fiamma molto vivace e quindi servite.

Cena

Pizza senza glutine

Per la pasta
150 g di farina di riso integrale
50 g di farina di grano saraceno
150 g di fecola di patate
100 g di amido di mais o di amido di tapioca
50 g di farina di ceci o di piselli
400 g di acqua
mezzo panetto di lievito di birra fresco o una bustina di lievito di birra secco da sciogliere in 25 g di acqua e un cucchiaino di miele o zucchero

Per la farcia
zucchine
melanzane
salsa di pomodoro
capperi (facoltativo)
fiocchi di ricotta fresca (facoltativo)

Per l'impasto, riunite tutti gli ingredienti in una ciotola e quindi lavorate per bene. Lasciate riposare da un minimo di 3 fino a 12 ore. Stendete l'impasto su una teglia rivestita con carta da forno o leggermente oliata e infornate a 200 gradi per 30 minuti circa, dopo averla farcita con la salsa di pomodoro, le verdure tagliate a fettine ed eventualmente capperi e fiocchi di ricotta fresca.

GIORNO 5

#smsdellasalute 5

Buongiorno Marco!! Oggi pare che il tempo non ci sia molto amico! Ma con un po' di sano movimento vedrai che il sole lo faremo uscire noi! Userai le scale di casa e farai salita e discesa a una normale velocità (non troppo normale!) per 2'. Dopodiché altri 2' di salita e discesa ma a due gradini alla volta e infine altri 2' come all'inizio per defaticare! Lavoro metabolico, sempre per stare bene, sempre per farsi del bene! Prevenzione a 360 gradi!

Dopo aver scalato alle 6.45 le rampe del condominio che portano ai garage, eccomi già docciato e pronto per fare colazione. Biscotti integrali industriali al cacao (ne esistono di sani, basta leggere le etichette ed evitare i troppi zuccheri e grassi «strani») con cappuccino di soia; il mio amico Luciano tempo fa mi regalò uno splendido attrezzino che permette di montare il latte. Ecco, ho scoperto che monta benissimo anche quello di soia e di mandorla, utile da sapere!

Pranzo

Medaglioni di patate e seitan

Questo pranzo non è ovviamente adatto a un celiaco, quindi non lo prenda in considerazione!

800 g di patate
100 g di seitan
1 porro
pane integrale grattugiato
olio EVO
sale
pepe nero

Sbucciate, tagliate a tocchetti piuttosto piccoli e lessate le patate. Mondate il porro e tritatelo nel mixer; fate lo stesso con il seitan. Rosolate il seitan in una padella con poco olio EVO. Quando è dorato, toglietelo dalla padella e al suo posto mettete il porro, facendolo appassire a fuoco moderato. Quando anche il porro è dorato, aggiungete le patate, aggiustate di sale e pepe e mescolate, lasciando asciugare. Spegnete, unite il seitan e fate raffreddare. Lavorando il composto con le mani, formate dei medaglioni, passateli nel pane integrale grattugiato e disponeteli su una teglia foderata di carta da forno. Infornateli per 5 minuti a 180 gradi, rigirateli e finite di cuocerli per altri 5 minuti. Se proprio avete fretta, potete optare per un grosso burger di seitan, porri e patate!

Cena

Crema di sedano rapa e cavolfiore viola croccante

La cena è spesso un problema, per via della fantasia, che a volte scarseggia per la stanchezza della giornata alle spalle e del tempo a disposizione. Quando sono a corto di idee, risolvo con le creme: calde, si prestano alle serate invernali, soprattutto se abbinate a qualche cereale integrale come orzo, avena o riso integrale.

500 g di sedano rapa
mezzo cavolfiore viola
2 spicchi di aglio
4 cucchiai di olio EVO
1 pizzico di sale
pepe nero

Lavate e tagliate a tocchetti il sedano rapa (andremo a utilizzare tutte le sue parti). In una casseruola di acqua portata a bollore e leggermente salata, sbollentate il sedano rapa finché si intenerirà. Frullatelo insieme all'olio EVO e a uno spicchio di aglio fino al raggiungimento di una cremosità omogenea. Regolate di sale ed eventualmente di acqua. Nel frattempo, tagliate a cimette il cavolfiore viola e sbollentatelo per qualche minuto: prestate attenzione alla cottura, dato che dovrà mantenere una consistenza croccante e soprattutto il suo bel colore violaceo. Saltate in padella antiaderente con uno spicchio di aglio e olio EVO per pochi minuti le cimette croccanti e, mi raccomando, a fuoco dolce, non soffriggete! Servite la crema di sedano rapa con il cavolfiore viola croccante e un filo d'olio EVO a crudo.

GIORNO 6

#smsdellasalute 6

Caro Marco, oggi è sabato, ma non esistono scuse per non lavorare sulla nostra salute! Ti lascio riposare un altro po' ma appena sveglio 10 minuti per partire alla grande! Oggi gambe! I miei muscoli preferiti! Affondi liberi 3x30 rec 1'. One Leg Stretch 3x20xlato rec 30''. Buono stare in forma amico mio!!! #disciplina #dedizione #oltreognilimite

Che dire? Dany ci hai proprio preso, oggi relax, quindi ci si alza con più calma e poi faccio quanto dici. Devo premettere che oggi mi dedicherò tanto anche ai fornelli... Voglio preparare un dolce che spero resterà per la colazione di lunedì, il mio bianco cuore! È un dolce che «riempie» la pancia ovvero, dopo una prima fetta, malgrado sia ricco di salute, sazia parecchio, quindi raramente si rischia di mangiarne troppo!

Per colazione, qualche nocciola che farò avanzare da quelle che serviranno per il bianco cuore, yogurt di soia, avena, un cucchiaio di miele e caffè! So già fin da ora che un cucchiaino di ricotta verrà divorato durante la lavorazione della torta...

Bianco cuore

Per la frolla
100 g di farina integrale
120 g di farina 0
30 g di frumina (amido di frumento)
150 g di nocciole tritate fini
1 pizzico di lievito per dolci
40 g di acqua fredda
50 g di olio di mais
50 g di thain (crema di sesamo)
80 g di zucchero integrale di canna mascobado
sale

Per la farcia
300 g di ricotta magra
20 g di zucchero a velo integrale
40 g di nocciole tritate
1 cucchiaio di miele nocciolato o cacao amaro

Riunite tutti gli ingredienti per creare la frolla, quindi impastate per bene e dopo aver formato una palla compatta lasciatela riposare in frigorifero per 10 minuti. Intanto preparate la farcia: montate la ricotta con tutti gli ingredienti necessari. Trascorso il tempo di riposo della frolla, prendete tre quarti di pasta e stendetela in una teglia foderata creando anche i bordi. Farcite con la crema di ricotta e miele nocciolato o cacao amaro, quindi riprendete l'impasto avanzato e sbriciolatelo in superficie. Infornate per 30 minuti a 200 gradi.

Pranzo

Finocchi caramellati con sesamo

Un pranzo dove i finocchi sono i protagonisti ovviamente resta poco bilanciato dal punto di vista nutrizionale: sarà quindi opportuno abbinarlo a del buon pane integrale o multicereali oppure a qualche cereale lessato.

4 finocchi
2 cucchiai di miele
4 cucchiai di olio EVO
semi di sesamo

Lessate i finocchi dopo averli tagliati a spicchi di altezza di circa 1 cm, ripassateli poi in una padella antiaderente insieme a 2 cucchiai di miele, 2 di acqua e 2 di olio EVO e lasciate insaporire il tutto finché non comincia a caramellare, cercando di non agitare troppo la padella. Cospargete di semi di sesamo, quindi spegnete la fiamma, lasciate riposare 2/3 minuti e servite. Se volete, potete rendere i finocchi un po' croccanti passandoli per qualche minuto al forno con modalità grill.

Cena

Mezze maniche con verza, sgombro e paprika affumicata

320 g di mezze maniche integrali
1 verza
240 g di filetto di sgombro all'olio d'oliva
1 spicchio di aglio
paprika affumicata
4 cucchiai di olio EVO
sale
pepe nero

Cuocete la pasta in una casseruola di acqua leggermente salata e scolatela al dente. Nel frattempo tagliate la verza a tocchetti e stufatela in un wok insieme a uno spicchio di aglio in camicia e alla paprika affumicata, finché non si ammorbidisce. Ci vorranno davvero pochi minuti. Fate saltare nel wok la pasta scolata e raffreddata insieme alle verze, quindi aggiungete in superficie i filetti di sgombro sgocciolati e servite.

GIORNO 7

#smsdellasalute 7

Ma che ore sono?? Ancora a letto spero, caro Marco!! Oggi rimani a riposo un po' di più e concentrati sulla respirazione diaframmatica. 10' di relax e per "sfiammare"!! disteso, gambe piegate e bacino retroverso, gonfia l'addome di aria e sgonfialo completamente. Mi raccomando, respira solo col naso! E anche oggi sei al top!! Buona giornata!!

Colazione a base di bianco cuore e un caffè... più passano i giorni e più gli oli della frutta secca regalano a questo dolce quel non so che di veramente unico! Il pranzo? Sfrutterò le cime di rapa acquistate al mercato e avendone prese un bel po' (ne approfitto quando la convenienza e la qualità vanno di pari passo!) le cucinerò anche questa sera.

Pranzo

Spätzle alle cime di rapa

Perché non cuciniamo la tradizione rivisitando le ricette? Perché gli spätzle devono essere per forza cucinati con speck e panna? Eccoli con le cime di rapa! Un buon matrimonio tra Nord e Sud!

320 g di spätzle
400 g di cime di rapa
70 g di pinoli
80 g di panatura di grano saraceno
2 spicchi di aglio
olio EVO
peperoncino

Cuocete gli spätzle in acqua leggermente salata. Dopo aver sbollentato le cime di rapa, scolatele bene e una volta fredde strizzatele. Tostate i pinoli e aggiungete le cime di rapa tagliate con le forbici. Saltatele in padella con un pochino di olio EVO, il peperoncino e l'aglio in camicia. Aggiungete gli spätzle e mescolate il tutto. Spolverate con abbondante panatura di grano saraceno e servite. Sono ottimi anche con un'abbondante grattugiata di tofu affumicato: da provare!

Cena

Zuppa buona buona

250 g di cime di rapa
200 g di ceci lessati
200 g di fagioli di Spagna lessati
200 g di lenticchie lessate
300 g di avena in chicchi
1 cucchiaio di cumino
olio EVO
sale
pepe nero

In una casseruola dai bordi alti mettete le cime di rapa, disfacendo per bene le cimette e tagliando finemente il gambo. Aggiungete ceci, fagioli e lenticchie e circa 1 l di acqua. Fate sobbollire, salando e pepando un poco, per circa 30 minuti. Le lenticchie si disferanno sino a formare una crema (se poi usate quelle rosse, l'«effetto crema» è assicurato). Nel frattempo, in un'altra pentola cuocete l'avena in acqua bollente e leggermente salata. Una volta cotta e scolata, incorporatela alla minestra e toglietela dal fuoco. Aggiungete un filo di olio EVO, il cumino, date una bella mescolata e servite!

GIORNO 8

#smsdellasalute 8

Eccomi qui! Ti starai chiedendo se sono un sogno bellissimo o un incubo meraviglioso!! Un po' entrambi! Infatti per te subito 2 esercizi semplici ma fondamentali!! Un esercizio dinamico per iniziare la giornata in un modo molto più sprizzante!! 4 set di Jumping Jack per 30'' con 30'' rec! E infine Crunch Cross 4x20 rec 30''. Che dire? Ho parlato anche troppo! Passiamo all'azione! È il momento di andare!! Buon fitness Marco!!!

Questo sms, caro Dany, mi porta un po' alle lezioni di ginnastica delle elementari quando i «saltelli» con braccia e gambe aperte e chiuse erano l'esercizio di riscaldamento base... Mi fai tornare bambino anche con l'attività fisica!

Veru è uscita molto presto, così ancor prima di eseguire nel dettaglio l'sms del mio buon Daniele, eccomi pronto a impastare (sono le 6.45) per avere cantucci (caldi) belli e buoni in poco tempo!

Cantucci

200 g di mandorle
50 g di noci o nocciole
150 g di uvetta ammorbidita in acqua
250 g di farina 0
150 g di farina integrale
100 g di farina di riso
120 g di zucchero di canna
50-70 ml di latte di soia
60 g di olio di mais
mezza bustina di lievito per dolci
4 cucchiai di acqua (dipende dall'impasto)

Accendete il forno a 160 gradi. Impastate gli ingredienti e, lavorandoli con le mani, formate dei salamini del diametro di 3 cm circa; adagiateli su una teglia foderata con carta da forno, ben distanziati tra loro. Cuoceteli fino a quando non si saranno dorati. Sfornateli e, facendo attenzione a non scottarvi, con un coltello seghettato tagliate a fettine i salamini ancora caldi. Serviteli freddi, quando si saranno ben induriti.

Pranzo

Zuppa e cous-cous di farro con uvetta, zafferano e ceci

Una ciotolina di zuppa avanzata ieri sera (che, amici, diciamolo, oggi è ancora più buona!) e poi un ottimo cous-cous. Cerchiamo di spaziare con la fantasia in cucina. Alcuni alimenti, per via del condimento che siamo abituati ad abbinare, li attribuiamo spesso a una particolare stagione, per esempio il cous-cous. Provatelo anche in questo periodo, a temperatura ambiente o leggermente intiepidito: è ottimo nelle zuppe, ma anche con qualche prodotto che la natura ci offre in questi mesi. Quello di farro è il più indicato per l'inverno, ma non vi preoccupate se non lo trovate perché sarà un grande amico della nostra salute anche il «classico» di grano nella versione integrale.

300 g di cous-cous di farro o integrale
1 bustina di zafferano
250 g di ceci lessati
1 manciata di uvetta ammorbidita
20 acini di uva regina
1 mazzolino di prezzemolo
4 cucchiai di olio EVO
200 g di feta
3 pizzichi di sale

Cuocete il cous-cous di farro in acqua salata nella quale avete sciolto lo zafferano. Ricordate che il cous-cous richiede acqua per una volta il suo volume: per ogni mestolo di cous-cous ce ne vorrà quindi uno di acqua bollente. Una volta nell'acqua, spegnete e lasciate cuocere con il suo vapore, chiudendo la pentola con il coperchio, oppure trasferendo il cous-cous in una ciotola e coprendola con pellicola alimentare. Nel frattempo fate saltare in padella con un poco di acqua i ceci insieme alle uvette ammorbidite, gli acini di uva regina tagliati in quattro e il prezzemolo spezzettato grossolanamente con le mani. Aggiungete 4 cucchiai di olio EVO e la feta sbriciolata e solo in ultimo il cous-cous ben sgranato. Servite tiepido o a temperatura ambiente.

Cena

Riso alle noci

Una cena con le mie amate noci, se penso a quanto le odiavo da piccino!!!

300 g di riso integrale
2 cipolle
60 g di noci
1 mazzetto di prezzemolo
2 cucchiai di pane integrale grattugiato
4 cucchiai di olio EVO
sale
pepe nero
3 cucchiai di ricotta dura non stagionata grattugiata (facoltativa)

Cuocete il riso come vuole la tradizione giapponese, cioè facendolo bollire con il doppio della sua quantità di acqua salata per 20 minuti e poi lasciandolo a coperchio chiuso e fuoco spento per altri 20 minuti, in modo che termini la cottura e assorba completamente l'acqua e il vapore. Nel frattempo tritate grossolanamente le noci insieme al prezzemolo. Mondate le cipolle e tritatele, quindi fatele rosolare con l'olio EVO a fiamma dolcissima. Oliate una pirofila e cospargetela di pane integrale grattugiato. Versatevi tutti gli ingredienti preparati: il riso, le cipolle e il trito noci-prezzemolo, mescolate per bene e cospargete di pane integrale grattugiato la superficie, quindi infornate per 15 minuti a 200 gradi. Se desiderate, potete aggiungere una spolverata di ricotta dura non stagionata.

«Frittata» senza uova con broccoli

La mia «frittata» senza uova è ormai un must in molte delle vostre case, e questa è la stagione migliore perché la farina di ceci riappare nei supermercati proprio alla fine di settembre, scomparendo nei mesi più caldi. In padella (nuova e antiaderente) o al forno è davvero un secondo piatto che conquista tutti!

200 g di farina di ceci
400 ml di acqua tiepida
200 g di broccoli
1 scalogno
5 cucchiai di olio EVO
sale
pepe nero

Con un frullatore a immersione o una frusta da pasticceria o una forchetta, sbattete la farina di ceci con 2 cucchiai di olio EVO e l'acqua calda, finché non si formerà una pastella omogenea e liquida. Lasciatela riposare per circa un'ora. Nel frattempo lessate i broccoli ridotti a cimette e scolateli al dente, croccanti. Ci vorranno meno di 7 minuti. Una volta scolati, saltateli velocemente in padella con uno scalogno tagliato fine e un paio di cucchiai di olio EVO. Scaldate bene una padella antiaderente e oliatela, quindi versate la pastella di farina di ceci e i broccoli con lo scalogno, pepate leggermente e lasciate cuocere a fiamma dolce per circa una decina di minuti per lato. Fate riposare una ventina di minuti prima di servirla. Nel caso non si avesse dimestichezza con le pentole e le frittate, è possibile anche cuocerla in forno in una teglia rivestita con carta da forno per circa 15 minuti a 180/200 gradi.

GIORNO 9

#smsdellasalute 9

Buongiorno Marco!! È il tuo angelo del fitness che ti parla! Siamo pronti? Dai che c'è una cosa troppo importante da fare! Stare bene!!! Oggi due esercizi di cui uno un po' più di concentrazione e resistenza! Wall Sit Squat 4x30 rec 30''. Crunch Cross 4x20 rec 30". Supera te stesso in orgoglio, disciplina e forza! È il momento di andare!!

Daniele, buongiorno a te! Eseguito tutto e, devo essere sincero, non mi hai neanche così tanto affaticato... Mi ammazzano di più gli esercizi con le braccia! E ora, doccia e colazione.

Colazione con un buon melaccio? Provatelo nella versione senza zuccheri aggiunti... La salute ringrazierà, il palato magari un po' meno, ma vi posso assicurare che è solo una questione di abitudine. Questa versione di melaccio nasce per un progetto di «oncologia pediatrica» che con la Fondazione Veronesi sto portando avanti; il nostro scopo è ridurre al minimo la quantità di zuccheri semplici, cosa che fa bene a tutti, ma soprattutto ai pazienti oncologici, sia adulti sia bambini.

Melaccio

800 g di mele
2 manciate di uvetta in ammollo nel succo di mela
50 g di mandorle
80 g di noci
250 g di yogurt di soia bianco o al limone
1 bustina di lievito
90 g di farina di farro
90 g di farina integrale
60 g di olio di girasole
succo e scorza di 1 limone non trattato

Mettete in ammollo l'uvetta nel succo di mela per circa 20 minuti, nel frattempo tagliate le mele a cubetti e irroratele di succo di limone. Passate nel mixer mandorle e noci tritando grossolanamente: basteranno pochi secondi alla massima velocità. Riunite tutti gli ingredienti rimasti in una ciotola avendo l'accortezza di strizzare l'uvetta in ammollo (un po' di liquido farà solo bene al nostro impasto, ma non tutto!). Mescolate bene e quindi infornate in una teglia rivestita con carta da forno per circa 1 ora a 180 gradi. L'impasto risulterà piuttosto denso e una volta cotta la torta resterà molto umida: si conserva molto bene in frigorifero. Se piace è possibile aromatizzarla con cannella.
PS Se proprio proprio non riuscite a prepararlo senza zucchero, provate almeno una volta ad aggiungere al massimo 70 g di zucchero integrale di canna mascobado oppure 3-4 cucchiai di sciroppo d'acero...

Pranzo

Zuppa d'orzo alla forchetta

Amo trasformare le ricette e le consistenze... amo sperimentare e anche se questo piatto è nato un po' per caso, da quel giorno è spesso presente in casa perché gli ingredienti sono i protagonisti di questa stagione e quindi sempre nel mio frigorifero e in dispensa!

320 g di orzo decorticato
240 g di lenticchie rosse decorticate
400 g di zucca mantovana
1 cucchiaino di curcuma
2 fette di pane di semola di grano duro secco
4 cucchiai di olio EVO

Lessate l'orzo decorticato nel doppio del suo volume di acqua leggermente salata (molto poco) finché tutti i chicchi assorbiranno il liquido. Nel frattempo cuocete lenticchie e zucca in poca acqua e, una volta lessate, passatele al passaverdure. Conservate l'acqua di cottura. Spadellate l'orzo con la purea di lenticchie e zucca, aggiungete curcuma, olio EVO e qualche cucchiaio di acqua di cottura conservata. Servite con il pane di semola di grano duro tostato e sbriciolato grossolanamente.

Cena

Hummus di ceci e barbabietola

Molto spesso capita di rientrare a casa piuttosto tardi e scegliere di cenare in modo rapido e sfizioso; ecco le mie bruschette... Dopo aver tostato o biscottato in forno delle fette di pane integrale, preparate le creme e via... qualche carota da sgranocchiare e qualche manciata di lupini e il gioco è fatto!

500 g di ceci lessati
2 cucchiai di thain (salsa di sesamo)
30 g di semi di sesamo
mezza barbabietola lessata
4 cucchiai di olio EVO
1 pizzico di paprika

Frullate insieme tutti gli ingredienti e decorate con il sesamo. Non servitelo troppo freddo altrimenti risulterà eccessivamente «solido» e difficile da spalmare. In quasi tutti i supermercati, nel reparto fresco della verdura, trovate la barbabietola già cotta e sottovuoto; ecco, utilizzate tranquillamente quella che sarà tutto più semplice!

Crema di tofu

350 g di tofu
50 g di capperi
100 g di olive taggiasche denocciolate in olio EVO
3 acciughe sott'olio
1 spicchio di aglio
3 cucchiai di olio EVO
3 cucchiai di acqua

Riunite in un robot da cucina il tofu, i capperi, le olive, le acciughe sott'olio, lo spicchio di aglio (solo mezzo spicchio se siete troppo sensibili...), l'olio EVO, l'acqua. Azionate e via... in pochi minuti da semplice tofu sbriciolato ecco la nostra saporita, vellutata e salutare crema di tofu! Servitela con pane integrale leggermente tostato oppure con verdure crude come fosse un pinzimonio. In questo caso, vista la stagione, vi consiglio di sperimentare le cimette di cavolfiore! Questa salsa è altrettanto ottima da servire su insalata belga (indivia), radicchio trevisano e qualche oliva. PS questa crema si presta facilmente anche per essere consumata dagli amici vegani semplicemente eliminando le acciughe e aggiungendo un cucchiaio di soia.

GIORNO 10

#smsdellasalute 10

Ehilà amico! Come stai? Questa mattina splende un bel sole! E vista la bella giornata ti propongo una salutare passeggiata nel parco! Muoversi respirando aria fresca e pulita... cosa c'è di meglio??? Ci vediamo tra poco per una "passeggiata" un po' particolare!! (30'' camminata veloce/30'' camminata media velocità) x10 volte.

Questo tuo consiglio della salute mi piace un sacco. Amo sentire lo scricchiolio delle foglie secche sotto i piedi e adoro ammirare il cambio di stagione della natura: gli alberi mutano completamente aspetto e tu ben sai quanto verde ho attorno a me, quindi non posso proprio dire di no! Procedo allora, ma poi corro in riunione (corro si fa per dire) e devo organizzarmi per pranzo... la sveglia è suonata, il tuo sms arrivato e facendo due conti ho davanti a me 3 ore circa prima della riunione. Procedo con passeggiata, doccia, caffè e pancake, preparazione della «schiscetta»!

Lo sciroppo d'acero, prodotto nelle province orientali del Canada e in alcune zone degli Stati Uniti, è un liquido denso e viscoso che si ottiene bollendo e concentrando la linfa dell'acero da zucchero. È uno dei dolcificanti naturali meno calorici.

È fonte di calcio, ferro, vitamina B1 ed è, soprattutto, un'ottima alternativa allo zucchero. Buono per il palato e buono per la salute: energizzante e depurativo, è anche ricco di antiossidanti. Va bene per dolcificare bevande o yogurt al naturale. È eccezionale sui pancake. Rispetto allo zucchero ha un potere calorico nettamente inferiore (8 calorie in meno per cucchiaino) e un maggiore potere dolcificante (1,5 volte quello del saccarosio); apporta vitamine e sali minerali. La bottiglia è caruccia, d'altra parte per ottenere 1 litro di sciroppo ci vogliono 40 litri di linfa d'acero!

La colazione di oggi è ispirata al capo «guerriero» Roberto Crugliano: pancake!

Pancake

Per i pancake
350 g di latte di soia
220 g di farina di farro
40 g di zucchero a velo integrale
20 g di olio di mais
mezza bustina di lievito

Per guarnire
sciroppo d'acero
miele di castagno
confettura
cioccolato fuso...

Fate la pastella amalgamando insieme gli ingredienti. Per evitare che si formino grumi, utilizzate una frusta da pasticceria oppure un minipimer. Versate un mestolo di pastella in una padellina leggermente oliata e molto calda, appena inizia a fare le «bolle» è arrivato il momento di girare il pancake per consentire la cottura dall'altro lato. Basteranno pochi minuti ed è pronto! Caldi sono uno spettacolo.

Pranzo

Pasta di farro integrale con lenticchie

Quante volte sento dire che il mondo vegetale è povero e triste ma, diciamolo, quanto è triste chi lo afferma! Questa pasta, oltre che essere davvero buona, è completa, sono presenti cioè tutti gli aminoacidi e questo significa che dal punto di vista proteico siamo a posto! Se ben combinato, il mondo vegetale è un grande amico!

320 g di pasta corta di farro
200 g di lenticchie lessate
scorza di 1 limone
7 pomodori secchi reidratati
7 noci
1 mazzetto di prezzemolo
olio EVO

Cuocete la pasta di farro al dente, raffreddatela sotto l'acqua e nel frattempo reidratate i pomodori secchi in acqua tiepida, quindi tagliateli a listarelle con le forbici e uniteli alle lenticchie lessate e alle noci sbriciolate grossolanamente. Aggiungete l'olio EVO e a fiamma dolce proseguite la cottura per un massimo di 10 minuti. Unite la pasta e insaporite. Servite con prezzemolo tritato al momento e scorza di limone grattugiata.

Cena

Pinzimonio di cavolfiore

Iniziamo con un bel pinzimonio... di cavolfiore! Lo avete mai provato crudo? Ve lo avevo già consigliato in precedenza ma vi prego, se non lo avete ancora fatto, questa è la volta buona per provarlo! Ricordatevi che sgranocchiare qualcosa rimette in moto la mandibola, l'atto masticatorio sta lentamente scomparendo. Si mangia spesso troppo in fretta senza più masticare. Una corretta masticazione rende più agevole la digestione e riduce i tempi di permanenza gastrica del cibo. Masticare a lungo è uno degli accorgimenti che si devono prendere nei casi di gastrite o di gonfiori addominali.

1 gambo di sedano
1 cavolfiore crudo
1 cespo di insalata indivia
2 cucchiai di senape delicata
4 cucchiai di olio EVO
2 cucchiai di aceto balsamico

Ripulite la verdura iniziando dal sedano: pelate il gambo con un pelapatate per eliminare la parte più esterna e fibrosa e tagliatelo in piccoli pezzi. Riducete a cimette il cavolfiore e lasciatelo immerso in acqua fredda insieme al sedano. Per l'indivia, eliminate semplicemente il fondo in modo da liberare le foglie. Servite tutta la verdura pulita con accanto una ciotolina con la salsa ottenuta sbattendo olio, aceto e senape. Questa è una ricetta che ci insegnerà a masticare a lungo, azione ormai quasi dimenticata!

Pirofila zucca e salmone

500 g di zucca mantovana
250 g di filetti di salmone pescato o in alternativa alici
2 cucchiai di salsa di soia
4 cucchiai di pane di semola di grano duro raffermo e grattugiato
3 cucchiai di semi di sesamo

Pulite la zucca e lessatela in pochissima acqua salata. Una volta cotta, passatela al passaverdure e raccogliete la purea (potete cuocerla anche al microonde, senza alterarne alcun valore nutrizionale). Lasciatela raffreddare, nel frattempo saltate in padella i filetti di salmone con un paio di cucchiai di salsa di soia e due di acqua. Sminuzzate il salmone e quindi aggiungete la purea di zucca, il pane di semola di grano duro e mescolate bene per amalgamare il tutto. Trasferite il composto in una pirofila rivestita con carta da forno, cospargetela di semi di sesamo e infornate per 30-45 minuti a 200 gradi.

GIORNO 11

#smsdellasalute 11

Ciao Marco! È un buongiorno questo, il buongiorno della salute! Perché questa mattina ci diamo dentro, come sempre! 10 minuti che allungano la vita! Oggi eseguirai: Push Up stretti 4x10/20 (max) rec. 1′ in superset con 4 serie di Plank 3x tempo max (tempo min. 30″). Forza amico mio! Stare in forma è un allenamento che non finisce mai!!

Caro il mio Dany... ricevo i tuoi sms e malgrado tu sia a Siena è come se fossi qui. Quindi oggi in tuo onore cucinerò quello che solitamente mangi tu per essere così in forma, nutrendo al meglio i muscoli e l'intero organismo. Pronto per una giornata alla Daniele Mele!

Oggi sono tutto il giorno a casa: devo assolutamente lavorare al computer per preparare una presentazione: servirà per «formare» il personale della ristorazione di una grande azienda che ha chiesto alla Fondazione Veronesi di indicarle come fare prevenzione attraverso il cibo.

Per colazione, avena con miele, latte di soia, 1 pera: tutto in un'unica capiente ciotola e via! Anche questa volta, se vi piace fare colazione «da bere», vi suggerisco di frullare tutto insieme così da ottenere una crema gustosa ma molto leggera!

A metà mattina, un altro frullato di frutta sia fresca sia secca. Ho scelto dunque mezza mela, 1 banana, 3 noci, 4 mandorle e un po' di uvetta.

Pranzo

Pasta di kamut con ceci, pomodori secchi e feta

320 g di pasta di kamut
240 g di ceci lessati
5 pomodori secchi reidratati
150 g di feta
olio EVO

Lessate la pasta al dente, raffreddatela sotto l'acqua corrente e nel frattempo reidratate i pomodori secchi in acqua tiepida per circa 5 minuti. Così facendo eliminerete il sale in eccesso, ma soprattutto li renderete morbidi. Il pranzo è servito! Condite la pasta con i ceci lessati, la feta sbriciolata e i pomodori secchi, aggiungete l'olio EVO e saltate in padella per qualche minuto. Questa pasta è fantastica con una spolverata di pane grattugiato in superficie... Provatela!!!

Cena

Insalata di quinoa e lenticchie con noci e pesto di spinaci

E ancora una volta non sembra vero quanto gusto ci può regalare il mondo vegetale: con queste ricette si soddisfa facilmente la regola dei 2/3 di origine vegetale di ogni nostro pasto per fare prevenzione. Come aperitivo, potete mangiare prima di cena 15 mandorle tostate e non salate e 3 albicocche disidratate.

280 g di quinoa
240 g di lenticchie lessate
10 noci
limone (scorza per condire o succo da bere)

Per il pesto di spinaci
150 g di spinaci (quelli in busta, freschi, che trovate al reparto insalate del supermercato)
80 g di caprino fresco
4 pomodori secchi reidratati
2 cucchiai di olio EVO

Lessate la quinoa in acqua salata dopo averla risciacquata sotto l'acqua corrente per 5 minuti (per 1 bicchiere di quinoa serviranno circa 2 bicchieri di acqua). Lasciate cuocere per circa 20 minuti, più o meno corrisponderà al tempo necessario affinché la quinoa assorba tutta l'acqua. Nel frattempo frullate gli spinaci, dopo averli lavati, insieme al caprino, a 2 cucchiai di olio EVO e ai pomodori secchi reidratati in acqua tiepida per qualche minuto. La crema di spinaci è pronta; versatela sul fondo di un piatto, quindi aggiungete la quinoa lessata con le lenticchie e le noci sbriciolate... mi raccomando un po' di scorza di limone oppure acqua e limone durante il pasto così da assimilare il tanto ferro presente in questo piatto.

E se avete ancora fame, o per viziarvi con un dessert, potete concedervi mezzo yogurt greco magro con frutti di bosco oppure yogurt di soia con uvetta, mousse di frutta (la purea, quella del supermercato senza zuccheri aggiunti: pura e semplice purea di mela) e riso soffiato integrale.

GIORNO 12

#smsdellasalute 12

Caro Marco, è l'sms dello star bene questo! Non so perché, ma oggi ho proprio voglia di muovermi particolarmente!! Puoi usare due scalini o semplicemente una sedia!! Lavoreremo sullo Step Up! 4x10 x lato con 1' rec e 3 serie di Jack Knife da 20 ripetizioni con 30'' di recupero. E poi... poi? tempo di muoversi ora!! 3... 2... 1... go go go!!!

Mamma mia Dany se mi fai lavorare... Non esiste mai un giorno di tregua, praticamente ogni giorno devo concentrarmi su qualche muscolo con uno o più esercizi.

Devo ammettere che ormai ci sto facendo l'abitudine, ma resta comunque un gran bell'impegno e lo so che mi fa del bene (vedo già la tua faccia, Dany caro, mentre mi ricordi di andare oltre al mio orgoglio, disciplina e forza!), ma non proprio tutti i giorni sono uguali...

Oggi prendo ispirazione dal mio amico Andrea, sì, il «triatleta» di Ventimiglia di cui avete letto la biografia nel libro precedente! La sua colazione ideale? Questa: yogurt di soia bianco, frutta fresca e secca, müsli home made (un mix di avena, riso integrale soffiato, uvetta), 1 cucchiaino di miele, semi misti tra girasole, lino e zucca.

A metà mattina, un frutto e una manciata di frutta secca (noci e mandorle). Ma quanta sazietà con la frutta secca a metà mattina! Aiuta ad arrivare a pranzo senza la voragine nello stomaco.

Pranzo

Una bella «pasta buona»
(così l'abbiamo rinominata io e Andrea)

280 g di pasta integrale (meglio spaghetti)
8 pomodori secchi reidratati
6 alici sottolio
5 noci
1 manciata di uvetta
1 spicchio di aglio
1 mazzolino di prezzemolo
3 cucchiai di pane grattugiato integrale
4 cucchiai di olio EVO

Cuocete la pasta al dente e con qualche cucchiaio di acqua bollente reidratate i pomodori secchi, quindi tagliateli a listarelle e saltateli in padella con le alici, le noci sbriciolate, l'uvetta, lo spicchio di aglio tritato (o in camicia, dipende dai gusti), il prezzemolo tritato e l'olio EVO. Condite la pasta scolata e raffreddata con questo condimento e aggiungete pane grattugiato poco prima di servire, mescolandola per bene!

Il buon Andrea mi ha poi «trasmesso» la sua pozione che utilizza per reintegrare i sali persi durante il suo allenamento. Oggi non sento il bisogno di prepararla e berla, visto il mio allenamento, ma se servisse sappiate che è bella, buona e semplice da preparare. Bastano 500 ml di acqua, 1 cucchiaio di miele, il succo di 1 limone, 1 cucchiaino di bicarbonato, 1 pizzico di curcuma e uno di pepe.

Dopo la «pozione» magica, una manciata di frutta secca, un frutto di stagione (una pera) e qualche cucchiaio di fiocchi d'avena e siete a posto fino alla cena!

Cena

Zuppa di orzo e miglio con legumi e verdure cotte al vapore

140 g di orzo decorticato
140 g di miglio
100 g di lenticchie rosse
100 g di ceci lessati
100 g di azuki lessati
5 foglie di salvia
2 cipolle
olio EVO
200 g di coste
1 finocchio

Mettete a cuocere orzo e miglio con lenticchie e cipolle affettate in circa 700 ml di acqua. Salate leggermente e quindi portate a bollore e fate sobbollire per circa 30 minuti. Aggiungete quindi le foglie di salvia, i ceci e gli azuki lessati. Mentre la zuppa cuoce, lessate a vapore (è possibile sfruttare proprio il vapore che si crea dal bollore della zuppa) le coste e il finocchio tagliato a spicchi sottili. Condite sia la zuppa sia le verdure cotte a vapore con olio EVO. PS per un tocco di gusto in più, spolverizzate con del gomasio le verdure lessate!

GIORNO 13

#smsdellasalute 13

Ciao Marco! Un buongiorno pieno di tanta salute!! Sai perché? Perché sono qui per donarti benessere! E quindi... oggi ci daremo da fare con un minicircuito! prendi un elastico o in alternativa quelle "amiche" bottiglie d'acqua! Ed esegui: spinte in alto x10. Alzate laterali x10. French Press x10. Il tutto senza recupero tra gli esercizi, ma con 1' rec a fine circuito prima di ripeterlo per un totale di 3 volte! Forza amico mio! Viva lo stare in forma! Viva il fitness! Fitness è vita!!!

Mamma mia che allenamento, Dany! Per fortuna hai creato il *Dizionario del fitness*, perché di tante belle parole che utilizzi non conosco il significato! La colazione di oggi è semplicemente yogurt di soia, mezza pera, mela e uvetta, tutto nella stessa ciotola e ben tagliata!

Pranzo

Quinoa con piselli, lenticchie lessate, uvetta e noci,
condita con cipolla stufata in padella,
un goccio di salsa di soia e olio EVO

Per il pranzo di oggi ho deciso che regneranno le proteine. Provo questa ricetta passata dal mio amico Andrea. Ingredienti molto belli e buoni, già presenti in cucina e quindi... non mi resta altro che sperimentarla.

280 g di quinoa
160 g di lenticchie lessate
100 g di piselli surgelati
1 manciata di uvetta
6 noci
1 cipolla grande
salsa di soia
olio EVO

Lessate la quinoa in acqua salata dopo averla risciacquata sotto l'acqua corrente per 5 minuti (per 1 bicchiere di quinoa serviranno circa 2 bicchieri di acqua). Lasciate cuocere per circa 20 minuti, più o meno corrisponderà al tempo necessario affinché la quinoa assorba tutta l'acqua. Nel frattempo, in una padellina antiaderente stufate la cipolla tagliata finemente insieme ai piselli e all'uvetta, aggiungendo solo 4 cucchiai di acqua e 2 cucchiai di salsa di soia. Lasciate ammorbidire la cipolla, quindi aggiungete le lenticchie e la quinoa lessate. Oliate, aggiungete le noci sbriciolate al momento e servite.

Cena

Piadina home made farcita con creme salate a piacere

100 g di farina integrale
100 g di farina di grano saraceno
4 cucchiai di olio EVO
mezzo cucchiaino di sale
2 pizzichi di cremor tartaro o bicarbonato

Impastate gli ingredienti in una ciotola capiente, aggiungendo acqua poco per volta, finché non si verrà a formare un impasto morbido ed elastico e non appiccicoso. Formate delle palline, schiacciatele e cuocetele in una pentolina antiaderente riscaldata e leggermente unta di olio EVO. Cuocete da entrambi i lati la piadina e farcite.

Creme salate

200 g di caprino fresco
2 carote
50 g di mandorle pelate
150 g di fagioli cannellini lessati
1 mazzo di prezzemolo
1 dl di olio EVO delicato
origano fresco

Per preparare la salsa di carote basterà semplicemente lessarle (anche al microonde) e quindi frullarle con un po' di olio EVO, acqua di cottura e mandorle. Regolate di sale e aggiungete il prezzemolo tritato al coltello. La crema dovrà esser piuttosto densa, quindi aggiungete acqua solo se necessario. Dovremo sempre tener presente che stiamo preparando delle creme da spalmare. Per la crema ai cannellini basterà passarli al mixer con il caprino e un paio di cucchiai di olio EVO e aggiungere origano fresco. Pronte le salse, è possibile farcire le nostre piadine integrali appena preparate. Si possono aromatizzare le salse con mentuccia, basilico o timo freschi. Questo tipo di creme salate si presta a mille portate: potete lessare delle patate, lasciarle raffreddare e servirle, con buccia, tagliate a metà e farcite proprio con queste salse. Un'altra idea? Semplice: potete riempire i carciofi sbollentati e rosolati oppure accompagnarle a verdure in pinzimonio!

GIORNO 14

#smsdellasalute 14

Buongiorno amico mio!!! Oggi è festa e spero tu la passi con chi desideri di più, e che mangiate come sempre tante cose belle&buone! Ma...! Non ci sono scuse per non muoverci!! Sarai impegnato a cucinare no? Quindi fai una cosa, apparecchia al piano di sotto per oggi! E per ogni volta che scendi a depositare una portata eseguirai una risalita un po' particolare! Ogni due gradini che sali, ti fermi e torni indietro e progredirai da 2 a 4 a 6 a 8 e così via, facendo appunto una progressione e attivando in sinergia mente e corpo! Nessuna scusa per non muoverti, se vuoi puoi farlo! Nessuna scusa per non farti del bene! PS chiunque non abbia a disposizione dei gradini potrà optare per degli affondi in camminata!

Ma quanto sono piacevoli più di altri questi giorni di «scarico» alimentare? Intendo due giornate in cui poter mangiare un po' di più, due giornate in cui introdurremo sempre alimenti amici della salute combinati nei modi più gustosi e succulenti possibili ma in quantità differente! Un esempio? Le tante cene di Natale o ancora gli stessi momenti di festa «comandata»: che sia Capodanno oppure una cena particolare o un ritrovo tra cari amici.

Solitamente faccio una colazione molto blanda: un caffè spesso mi basta e avanza perché poi mi catapulto ai fornelli.

Iniziamo dai dolci per arrivare poi al salato, protagonista della mia tavola festosa. Il crumble, un po' per il profumo di cannella e mela, un po' perché è un dolce da godere con le basse temperature, è sicuramente presente nella mia tavola festosa: potete prepararlo in un'unica tortiera oppure farne tante piccole. Essendo un dolce al cucchiaio è sicuramente la scelta indicata. Ricordate che la «frolla» non dovrà risultare compatta ma sbriciolarsi!

Crumble di mele

50 g di farina 0
70 g di farina integrale
20 g di farina di mais integrale
40 g di noci tritate
40 g di mandorle tritate
1 cucchiaino di lievito per dolci
50 g di zucchero integrale di canna mascobado
50 g di olio di mais
latte di riso o altro latte qb per avere un impasto granuloso e non compatto
2 mele con la buccia
cannella

Tagliate le mele a cubetti piccoli e mettetele in una teglia rivestita con carta da forno ricoperte da un'abbondante spolverata di cannella. Preparate a parte il crumble con le farine, il lievito, lo zucchero di canna, le noci, le mandorle, l'olio e il latte. Lavorate velocemente con le mani l'impasto e versatelo sopra le mele. Infornate per 35-40 minuti a 180 gradi in modalità statica. Provatelo anche nella versione pere e scaglie di cioccolato! Non vi basta? Mele e amaretti: ne bastano solo 5, sbriciolati tra le mele, per dare un tocco in più davvero gustoso e particolare!

Crostino di polenta taragna con porro

400 g di polenta taragna (facoltativa la scelta della precotta!)
4 porri
3 cucchiai di pomodoro concentrato
4 cucchiai di olio EVO
5 cucchiai di pane integrale grattugiato
pepe nero

Preparate la polenta taragna facendo bollire l'acqua in una casseruola a bordo alto e versando la farina gialla a pioggia. Mescolate finché non si sarà cotta e addensata. Lasciate raffreddare il blocco di polenta, quindi tagliate a fette. Stufate il porro affettato in padella con qualche cucchiaio di acqua e concentrato di pomodoro, quindi insaporite con olio EVO dopo 5 minuti circa. Spennellate le fette di polenta con olio EVO e pane grattugiato, quindi passate in forno per 5 minuti con impostazione grill. Servite con una spolverata di pepe nero macinato al momento e il porro stufato!

Insalata di patate viola con cipolla di Tropea, zucca e prezzemolo condita con salsa allo yogurt

500 g di patate viola
300 g di zucca mantovana
1 cipolla di Tropea
1 ciuffo di prezzemolo fresco
2 cucchiai di olio EVO
sale

Per la salsa allo yogurt
200 g di yogurt greco 0 per cento di grassi
1 cipolla bianca piccola
1 cucchiaino di senape
1 cucchiaio di aceto
2 cucchiai di olio EVO

Preparate per prima la salsa allo yogurt: tritate la cipolla e incorporatela nello yogurt insieme ai restanti ingredienti. Mescolate/montate con una forchetta o una frusta da pasticceria. Riponete la salsa in frigorifero. Nel frattempo, in una casseruola di acqua leggermente salata e portata a bollore, cuocete le patate viola (senza eliminare la buccia) e la zucca tagliata a quadrotti e privata della sua buccia. Una volta cotte, lasciatele raffreddare bene ponendole fuori dalla finestra o in frigorifero, quindi tagliatele a pezzetti. In una ciotola, unite le patate alla cipolla di Tropea e al prezzemolo tritati finemente. Condite l'insalata con la salsa allo yogurt, un paio di cucchiai d'olio EVO e guarnite con qualche foglia di prezzemolo fresco, quindi servite. Questa insalata è molto gustosa anche con l'aggiunta di pezzetti di alici o del tonno sbriciolato al momento in superficie.

Polpettine di merluzzo e noci

Non posso non proporvi le mie polpettine di merluzzo e noci, sono un vero toccasana e poi... una tira l'altra! Ottime con la maionese senza uova o servite con una salsina di pomodoro ristretto aromatizzata al curry.

400 g di filetti di merluzzo surgelato
4 fette di pane integrale in cassetta
70 g di noci
2 cucchiai di prezzemolo tritato
150 g di farina di mais fioretto
olio EVO
sale
pepe

Frullate grossolanamente i filetti di merluzzo con il pane in cassetta, le noci e il prezzemolo. Aggiustate di sale e pepe e quindi iniziate a lavorare l'impasto con le mani formando delle polpettine: passatele nella farina di mais fioretto e poi infornate in una teglia rivestita di carta da forno. Nebulizzate con olio EVO e fate cuocere per circa 20 minuti a 220 gradi, prima in modalità statica o ventilata e gli ultimi 5 minuti in modalità grill.

Bagnacauda

E ora un modo per far mangiare le verdure anche agli amici che sono «allergici» al mondo vegetale e vivrebbero di soli insaccati e pasta (bianca) in bianco! Se l'aglio vi infastidisce, non mettetelo, magari potrete optare per un pezzettino di zenzero!

8 cimette di cavolfiore
4 coste di cardi
4 porri
1 rametto di rosmarino
2 finocchi
4 carote
2 cespi di indivia
4 coste di sedano

Per la bagnacauda
2 spicchi di aglio
2 cucchiai di capperi
50 g di pomodori sott'olio
50 g di olive verdi denocciolate
200 ml di olio EVO
1 cucchiaio di aceto balsamico

Schiacciate gli spicchi di aglio e mescolate la pasta ottenuta con i capperi, i pomodori sott'olio e le olive denocciolate. Frullate nel mixer fino a ottenere una crema liscia. Aggiungete l'olio EVO e l'aceto e sbattete con una forchetta o frusta da pasticceria così da ottenere una salsina liscia. Cuocete la salsa a bagnomaria, con calore indiretto immergendo una ciotolina all'interno di una casseruola contenente acqua a bollore. Fate cuocere fino a renderla completamente amalgamata. Pulite per bene cavolfiori, cardi e porri, sbollentateli velocemente per un massimo di 8 minuti in acqua aromatizzata con qualche rametto di rosmarino. Nel frattempo tagliate i finocchi a spicchi e le carote e l'indivia in quattro parti. Spelate leggermente le coste di sedano con un pelapatate così da eliminare la parte più legnosa. Verdure pronte per essere intinte nella salsa!

Terrina di salmone con zenzero

600 g di filetti di salmone non di allevamento (quindi pescato)
succo e scorza di 3 limoni non trattati
4 cucchiai di salsa di soia
1 manciata di semi di sesamo
1 radice di zenzero fresca
3 cucchiai di olio EVO

Tagliate il salmone in cubetti più o meno della stessa dimensione, quindi irrorateli di succo e scorza di limone, olio EVO, salsa di soia e succo di zenzero ottenuto schiacciando con uno schiacciaglio un pezzetto di radice fresca. Mescolate con cura affinché ogni cubetto incontri questa miscela di profumi della salute. Disponete i cubetti nella terrina e cospargeteli di semi di sesamo. Infornate per circa 10 minuti a 170 gradi. Il salmone dovrà apparire roseo sia esternamente sia internamente. Se piace, potete grattugiare zenzero fresco poco prima di servire.

Baci di champignon ripieni di tonno, capperi e caprino

Questa ricetta l'ho cucinata per la prima volta con Sara e Simona Ventura e mamma Anna. Un vero spasso prepararla, ma soprattutto una goduria divorarla. Se riuscite a selezionare i funghetti della stessa dimensione, otterrete uno strano effetto a tavola; vi sembrerà di servire un dolce durante le portate principali!

20 funghi champignon
200 g di caprino (preferibilmente light)
160 g di tonno all'olio EVO
1 ciuffo di prezzemolo fresco
1 manciata di capperi

Pulite i funghi eliminando il gambo e la pelle della cappella con un coltellino. In un robot da cucina, frullate insieme il caprino, il tonno sgocciolato, il prezzemolo fresco e i capperi, con l'aggiunta di un paio di cucchiai di olio EVO. La farcia è pronta! Riempite i funghi con la crema ottenuta, con l'aiuto di un cucchiaino o di un sac à poche. Disponete i «baci» di funghi su un piatto passando in superficie un filo di olio EVO e una spolverata di prezzemolo fresco, quindi servite come finger food.

Come potete assaporare, è una cena molto varia e sfiziosa... Anche se ricca di vegetali e con pochi prodotti di origine animale, non è certo una cena a base di foglie di insalata. Quello che voglio dirvi è che è molto più gustoso stuzzicare il palato di amici

e parenti proponendo in tavola tante ricette ricche di sapore e di colore. Più colorate la tavola e quindi i vostri piatti e più la condivisione del pasto sarà allegra. Provare per credere! A queste ricette spesso accompagno del pane fatto in casa, l'hummus di ceci (che trovate a p. 88) e l'insalata russa.
Le ricette? Eccole...

Insalata russa

Per la maionese
200 ml di latte di soia non zuccherato
410 ml di olio (380 ml di olio di mais o girasole o semi + 30 ml di olio EVO delicato)
1 cucchiaino di curcuma
1 cucchiaino di senape dolce
2-3 cucchiai di aceto di mele oppure succo di limone.
sale
pepe nero

Per le verdure
500 g di piselli surgelati
2 patate
3 carote
1 bicchiere di aceto di mele
1 vasetto di cetriolini sottaceto

Lessate le verdure dopo averle mondate e tagliate a cubetti delle stesse dimensioni. Le verdure dovranno essere sbollentate per un tempo massimo di 10 minuti, meglio se in poca acqua aromatizzata con un bicchiere di aceto di mele. Mentre le verdure cuociono preparate la maionese riunendo nel bicchiere del mixer (frullatore a immersione di potenza minima di 600W) tutti gli ingredienti (sale e pepe solo 1 pizzico). Azionate e in pochi secondi la vostra maionese sarà pronta. Incorporate le verdure solo quando saranno ben raffreddate e dopo averle scolate dall'acqua di cottura (consiglio di tamponarle con la carta da cucina oppure scolarle per qualche ora direttamente in frigorifero).

Pane integrale ai semi oleosi cotto a vapore

E il pane vi chiederete voi? Bene, provate a servirlo ai vostri commensali caldo caldo e cotto a vapore!

mezzo panetto di lievito fresco
120 g di farina integrale
130 g di farina 0
50 g di farina di kamut o di farro
3 cucchiai di semi di girasole
3 cucchiai di semi di zucca
1 cucchiaio di semi di papavero
5 cucchiai di olio EVO
1 cucchiaino di curcuma
10 foglie di salvia
1 cucchiaino di sale

Sciogliete il lievito in 200 ml di acqua tiepida e quindi impastate le farine con i semi oleosi, la salvia tagliata a striscioline, la curcuma, un cucchiaino di sale e l'olio EVO. Lavorate fino a ottenere un impasto omogeneo e liscio. Lasciatelo lievitare per circa 45 minuti. Trascorso il tempo di prima lievitazione formate delle palline di circa 6 cm di diametro, oliatele in superficie e lasciate che riposino per altri 30 minuti circa. Durante questa seconda lievitazione scaldate una pentola d'acqua con immerso un cestello di bambù o un colapasta. Cuocete i panini per circa 12 minuti al massimo del vapore. Servite bollenti!

GIORNO 15

#smsdellasalute 15

Ciao amico mio!!! Com'è andata ieri? Oggi altra giornata da trascorrere in tranquillità ma... anche oggi ci divertiremo a stare bene! dato che sarai impegnato ai fornelli, tra una cottura e l'altra ci muoviamo un po'! Sfrutterai proprio i fornelli come piano di appoggio ed eseguirai slanci posteriori x15 - slanci laterali x15 - affondo inverso x12 - Push Up x15 tutto con le mani in appoggio proprio ai fornelli mi raccomando! E dopo la prossima cottura eseguirai gli stessi esercizi per la gamba opposta ma concluderemo col Push Up a mani strette x12 ripetizioni! Ok amico mio? Che mi rimane da dire? Buono star bene e magnifica giornata!

Vi capita mai di vivere di rendita culinaria? Mi spiego subito... se il giorno prima cucinate per tante e tante persone presi dal «cuore di mamma» che porta a strafare, sicuramente avanzerà qualcosa che il giorno dopo (è sempre così) sarà ancora più buono e utile per gestire un ulteriore incontro tra amici o parenti. Bene, a tutto quello che è avanzato io aggiungerei una terrina di patate e cipolle e una vellutata come – perché no? – quella di carote e mandorle, che è ricca di carotenoidi (carote) e calcio (mandorle). Ci tengo a precisare che è fondamentale aggiungere l'olio EVO quando consumiamo alimenti ricchi di carotenoidi, altrimenti queste preziose molecole non vengono assorbite e non possono espletare i loro effetti benefici sull'organismo.

Pranzo

Terrina di cipolle e patate al forno con rosmarino

4 cipolle bianche
4 patate
1 mazzo di rosmarino fresco
4 cucchiai di olio EVO

Tagliate a velo con una mandolina o un coltello ben affilato sia le cipolle sia le patate lavate (con la buccia). In quattro terrine monoporzione, create strati di cipolle, patate e rosmarino fresco (sia tritato sia a rametti) e cuocete per 30-40 minuti in forno a 220 gradi, disponendo in ogni terrina 2 cucchiai di acqua e 2 di olio (allungate, di tanto in tanto, se necessario), più 5-10 minuti con impostazione grill. Servite le terrine aggiungendo un filo di olio EVO e un rametto di rosmarino fresco, magari spezzettato al momento.

Cena

Vellutata di carote e mandorle

8-10 carote
1 porro (2 se sono piccoli)
1 manciata di mandorle (meglio se pelate)
noce moscata
timo fresco
3 cucchiai di olio EVO
pinoli tostati
sale
noce moscata (facoltativa)

Cuocete le carote con un po' di acqua nel microonde per circa 10 minuti. Aggiungete l'olio EVO solo alla fine. Non è necessario tagliare le carote troppo fini, in quanto andranno frullate. Tagliate il porro, mettetelo in una padella e aggiungete le mandorle, qualche cucchiaio di acqua di cottura delle carote e 1 pizzico di sale. Lasciate trascorrere un paio di minuti. Aggiungete le carote con l'acqua di cottura rimanente, e 2/3 cucchiai di olio EVO, che ci aiuterà a migliorare la biodisponibilità dei carotenoidi. Frullate il tutto e nel caso la crema rimanesse troppo densa aggiungete un po' d'acqua fino a ottenere la cremosità che preferite. La crema è pronta da impiattare: aggiungete una manciatina di pinoli tostati, un mezzo cucchiaino di olio EVO e concludete con qualche fogliolina di timo. Per chi volesse dare un tocco finale: una spolverata di noce moscata. PS possiamo completare la vellutata aggiungendo del riso venere o rosso tailandese semplicemente lessato in acqua nel doppio del suo volume.

Decotto zenzero e salvia

E per digerire tutto per benino vi consiglio questo decotto.

1 radice di zenzero di piccole dimensioni (più o meno 5 cm)
500 ml di acqua
scorza e succo di 2 limoni
4 foglie di salvia

Schiacciate lo zenzero con uno schiacciapatate, raccoglietene il succo in una piccola casseruola con 500 ml di acqua, il succo e la scorza dei limoni e le foglie di salvia. Fate sobbollire per circa 20 minuti e servite filtrato, se serve. Volete proprio dolcificarlo? Allora aggiungete due o tre cucchiaini di miele...

GIORNO 16

#smsdellasalute 16

Dopo giorni più intensi è giunto il momento di rilassare un po' il tuo corpo. Oggi eseguirai una routine di stretching per ogni gruppo muscolare! Non tralasciare niente! Dalle spalle ai polpacci, dal petto ai quadricipiti, dal collo ai femorali! Minimo 30'' a posizione, e ti consiglio di farlo anche stasera prima di andare a dormire! Anche l'allungamento è una forma di allenamento molto più importante di quanto si possa credere!! Buona giornata Marco!!!

Per fortuna, Dany, che qualche volta pensi anche alla non fatica! Ricordati che è cosa gradita, eh? Bene, questo sms mi aiuta proprio a realizzare quanto ho in mente di fare oggi. Quando Crono, il dio del tempo, è dalla vostra parte approfittatene per preparare dei biscotti che durano, se ben conservati in un barattolo con chiusura ermetica, un minimo di quindici giorni sembrando appena sfornati. Sto parlando dei miei biscotti al caffè, una vera goduria!

Attenzione allo spessore dei biscotti e poi alla cottura!

Biscotti al caffè

100 g di farina integrale
100 g di farina 0
20 g di frumina (amido di frumento)
80 g di mandorle tritate
40 g di zucchero integrale di canna mascobado
6 cucchiai di olio di mais
1 tazzina di caffè
2 cucchiaini di cacao in polvere
2 cucchiaini di caffè macinato

Mescolate per bene tutti gli ingredienti e formate una palla che lascerete riposare al fresco per circa mezz'ora. Stendete la pasta allo spessore di circa mezzo centimetro o poco più (ma non meno) e quindi ritagliate con la forma desiderata. Infornate i biscotti in forno caldo su una teglia ricoperta di carta da forno per circa 15-20 minuti a 170 gradi in modalità statica. Aspettate che si raffreddino e... gustate!

Pranzo

Ragù di seitan

Per pranzo ecco il mio ragù di seitan. Potremmo rendere questo piatto davvero unico dal punto di vista nutrizionale aggiungendo dei legumi alla pasta oppure utilizzandolo come secondo piatto. Immaginate questo stesso ragù con fagioli rossi, tanta cipolla... ecco il vostro chili per riempire i tacos e la cena in stile messicano è pronta! Insomma, così semplice o con un po' di besciamella a base di soia, per una pasta al salto o al forno, il ragù di seitan si presta davvero a mille ricette.

700 ml di salsa di pomodoro
3 cucchiai di concentrato di pomodoro
2 cipollotti
500 g di seitan al naturale lavorato a mano
mezzo cucchiaino di paprika affumicata (facoltativa)
4 cucchiai di olio EVO
4 foglie di basilico
pepe

Versate nella casseruola la salsa di pomodoro insieme al concentrato e ai cipollotti tagliati finemente. Lasciate sobbollire dolcemente per 10 minuti circa senza aggiungere nient'altro a eccezione di mezzo bicchiere d'acqua! Nel frattempo tritate il seitan nel robot da cucina e aggiungetelo alla salsa di pomodoro in cottura. Pepate e aggiungete sia la paprika sia l'olio EVO:

mi raccomando, la fiamma deve essere sempre molto dolce. Continuate la cottura per circa 10 minuti. Aggiungete le foglie di basilico spezzettate con le mani soltanto quando avrete tolto la casseruola dal fuoco. Il ragù è pronto per condire la pasta. Una vera goduria!

Cena

Risotto con insalata belga e prezzemolo fresco

2 porri
3 cespi di insalata belga
320 g di riso integrale
1 cucchiaino di curcuma
170 g di caprino light
1 ciuffo di prezzemolo fresco
2 cucchiai di olio EVO
pepe nero

Tagliate il porro a rondelle e l'insalata belga a tocchi e stufateli con un pochino di acqua in un wok leggermente oliato. Cuocete finché non si sono inteneriti e imbionditi (fate evaporare il liquido). Aggiungete il riso e fatelo rosolare per un minuto, un minuto e mezzo, quindi allungate il tutto con il doppio dell'acqua rispetto alla quantità del riso (circa 700 ml di acqua) e il cucchiaino di curcuma. Lasciate cuocere mescolando di tanto in tanto per non fare attaccare e allungando con ulteriore acqua, se necessario. Quando mancano 5 minuti al termine della cottura, lasciate «mantecare» il riso utilizzando il suo amido, dando cioè qualche veloce passata di frullatore a immersione a una piccola parte di riso in cottura, quindi continuate a mescolare. Completate la mantecatura aggiungendo il caprino e mescolando velocemente. Aggiungete in superficie un paio di cucchiai di olio EVO a crudo, una spolverata di pepe nero (anche in grani, se piace) e il prezzemolo tritato al momento e grossolanamente (gambi inclusi).

GIORNO 17

#smsdellasalute 17

Grande Marco!! Come andiamo? Stai facendo veramente un ottimo percorso! E vedendo i risultati la giusta risposta è continuare!! Oggi lavoriamo su un esercizio per le gambe ma con un po' di dinamicità! Eseguirai Squat Jump 4x10/20 (max) con 1' rec seguito da un esercizio per gli addominali! Crunch Cross 3x20 x lato no rec. Crederci sempre, arrendersi MAI! Buona giornata e buon benessere Marco!

Ogni giorno è come fosse Natale! Ogni mattina vivo la sorpresa di scoprire cosa questo «simpatico» angelo del fitness si è inventato nella notte! Spesso e volentieri Daniele mi lascia senza parole e senza fiato!

Mi metto al lavoro, anche perché quasi sempre impiego più tempo a leggere l'sms e a interpretare gli esercizi rispetto all'esecuzione degli stessi, in poche parole non ho scuse. Via!

Per colazione, yogurt di soia, fiocchi d'avena, bacche di goji, semi di canapa, uvetta, frutta fresca e secca, un cucchiaino di miele, semi di sesamo, girasole e zucca. Yogurt più o meno 200 g, fiocchi di avena un paio di cucchiai mentre per tutto il resto un cucchiaino bello abbondante e il gioco è fatto.

A metà mattina, ecco una buona manciata di uvetta con misto di frutta secca non salata. Oggi tra le mie mani: anacardi, noci, nocciole e mandorle.

Pranzo

Pasta integrale con ceci e cavolfiore

10 cimette di cavolfiore
280 g di pasta integrale
200 g di ceci lessati
2 spicchi di aglio
1 mazzetto di prezzemolo
2 cucchiai olio EVO
sale
pepe nero

Sbollentate le cimette di cavolfiore in (tanta) acqua portata a bollore e leggermente salata. Trascorsi circa 8 minuti, raccoglietele mediante un colino e nella stessa acqua in ebollizione cuocete la pasta, al dente! Nel frattempo fate saltare in padella ceci e cimette sbollentate insaporendoli con due spicchi di aglio in camicia e un cucchiaio di olio EVO, a fiamma dolce. Aggiungete la pasta lessata e raffreddata, pepate e cospargete di prezzemolo tritato molto finemente. Deve essercene davvero tanto! Servite con un filo di olio EVO a crudo.

Cena

Crocchette di zucca e ceci al forno
e panatura di semi di sesamo, con maio veg
e crema di cannellini, capperi e pomodori secchi

1 porro
400 g di polpa di zucca
150 g di ceci lessati
4 fette di pane integrale in cassetta
1 scalogno
4 cucchiai di olio EVO
40 g di pane di grano saraceno grattugiato
3 cucchiai di semi di sesamo
sale

Tritate finemente il porro e unitelo alla polpa di zucca che avrete ottenuto lessando la zucca al microonde e passandola al passaverdure dopo averla lasciata raffreddare. Aggiungete i ceci frullati e il pane in cassetta sbriciolato. Mescolate bene. L'impasto dovrebbe risultare compatto, se non lo fosse è colpa della troppa acqua di cottura della zucca che vi siete portati dietro, quindi aggiungete qualche cucchiaio di pane grattugiato. Formate delle crocchette e passatele nel mix di pane di grano saraceno e sesamo. Nebulizzate con olio EVO e infornate a 220 gradi fino a doratura: ci vorranno al massimo 20 minuti. Servitele tiepide, magari accompagnate da maionese vegana.

Crema di cannellini

250 g di cannellini lessati
5 pomodori secchi reidratati
1 cucchiaio di capperi sottaceto
2 cucchiai di olio EVO
1 pizzico di aglio secco
pepe nero

Riunite tutti gli ingredienti nel mixer e azionate le lame alla massima velocità. Frullate finché non si formerà una crema liscia e vellutata. Se la preferite più liquida, potete aggiungere un po' di acqua tiepida.

Giorno 18

#smsdellasalute 18

> Olà Marco! Dormito bene? Spero di sì perché anche questa mattina allunghiamo la vita di altri 10 minuti! Oggi siamo più statici stabilizzatori, ma lavoreremo in superserie! Push Up & Rotation in Super Set con Lateral Plank per un totale di 4 serie composte da 20 ripetizioni + 30'' (o max) con 1' rec. Ogni fine serie di Push Up mantieni la stabilizzazione laterale e fai la stessa cosa alternando lato a ogni set! Prenditi cura del tuo corpo, nessuno lo farà al posto tuo!

Esercizi portati a termine con molta soddisfazione. Grazie anche per la telefonata, Daniele: confrontarsi a voce mi ha stimolato ulteriormente... non è facile convincere le persone a sudare per farsi del bene, sia per la nostra vita attuale sia per il futuro; insomma, grazie perché trovi sempre le parole giuste. Oggi «ti vivo» anche a tavola e seguo il tuo piano alimentare di una tua giornata tipo. Ricordo ancora quando mi avevi dato il tuo schema alimentare da vedere e ritrovarmi in ogni tuo pasto mi aveva emozionato davvero. Grazie!

Una delle colazioni che più amo: müsli con frutta, cappuccino con latte di soia, 15 mandorle, 3 noci. Spesso prendo il cappuccino di soia in un bar di un supermercato di Milano che lo prepara divinamente bene... Se siete rimasti colpiti negativamente da un cappuccino con latte di soia, vi prego di riprovare a prenderlo in un altro bar: non tutti i baristi sono in grado di montare bene il latte di soia e non tutto il latte di soia è uguale! Fidatevi!

Quando si allena per se stesso, il mio buon Daniele mangia sia prima che dopo il suo workout: 1 caffè amaro, 1 banana per il suo preallenamento e 15 mandorle e due o tre manciate di lupini opportunamente risciacquati. Vedendo i suoi spuntini, ritrovo molto delle mie abitudini. Faccio altrettanto!

Pranzo

Passato di zucca e lenticchie

600 g di zucca mantovana
200 g di lenticchie rosse decorticate
1 spicchio di aglio
1 cipolla
1 mazzetto di prezzemolo
olio EVO
sale
pepe

Riducete la zucca in piccole parti dopo aver eliminato la buccia. Lessatela in circa 700 ml di acqua insieme alle lenticchie rosse decorticate, allo spicchio di aglio tagliato a metà e alla cipolla tritata. Arrivate al bollore, fate sobbollire a fiamma dolce per circa 20 minuti, quindi frullate con un frullatore a immersione e aggiustate di sale e pepe. Se la voleste ancor più liquida, aggiungete un mestolo o due di acqua. Servite con olio EVO a crudo e abbondantissimo prezzemolo tritato. Questa vellutata è fenomenale con funghi secchi, reidratati e arrostiti velocemente in padella, distribuiti in superficie.

Cena

Passato di verdure, salmone norvegese affumicato e spinaci

500 g di minestrone surgelato
600 g di salmone norvegese affumicato
100 g di spinaci
succo di 1 limone
pane di segale

Dopo aver lessato le verdure con qualche aroma, per esempio salvia e prezzemolo, eccoci pronti a passarle al mixer così da ottenere una crema morbida e vellutata. Tostate il pane di segale e create delle «bruschette» con spinaci lessati e salmone affumicato semplicemente utilizzando olio EVO e succo di limone come condimento. Per gli spinaci basterà cuocerli a vapore utilizzando quello che si forma durante la cottura delle altre verdure.

GIORNO 19

#smsdellasalute 19

Ciao Marco! Sei in forma? Sono qui anche oggi per prendermi cura della tua salute! Due esercizi! Più movimento! Più divertimento! E vedrai come il sole splenderà dentro di te! Metti pure su la tua musica preferita e dacci dentro con High Knee Run 4x30'' in Super Set con Sforbiciate 4x20 con 1' rec. Intensifichiamo l'allenamento per stare sempre meglio! Il successo è intorno a noi, dobbiamo solamente esser bravi ad afferrarlo! Buona giornata e buon sentirti bene amico mio!!

E hai proprio ragione... quando la musica che più ti piace ti risuona attorno nei momenti di maggior sforzo, non sembra ma la fatica si sente meno! Mi capita anche al box di Roberto che frequento: quando il CD è davvero ritmato si lavora molto meglio!

A fine estate ho partecipato a una giornata per la Fondazione Veronesi nella quale ho cucinato con tanti bambini ricette a base di riso, ecco il perché di questa colazione biscottosa e con farina di riso.

Biscotti di riso (circa 15/20 biscotti)

200 g di farina integrale di riso
100 g di granella di mandorle
100 g di farina di mandorle
70 g di zucchero integrale di canna mascobado
60 g di olio di mais
50-70 g di yogurt di soia
scorza di 1 limone non trattato o gocce di cioccolato fondente (100 g) o qualche cucchiaio di cocco rapè o pezzetti di dattero

Impastate tutti gli ingredienti e formate un rotolino con l'impasto. Affettate il rotolino e cuocete i biscotti per circa 17 minuti a 180 gradi. Potete scegliere di aromatizzare i biscotti con scorza di limone oppure gocce di cioccolato o ancora qualche cucchiaio di cocco rapè o – perché no? – pezzetti di dattero tritati.

Biscotti che i bambini (e non soltanto) amano accompagnare alla crema di nocciole. Quando la preparo non mi pongo mai il problema della sua conservazione, perché ha un tempo di «sopravvivenza» limitato. A ogni modo, per almeno una decina di giorni, in un barattolo con chiusura ermetica, resiste bene purché conservata al fresco, sul balcone o in frigorifero (attenzione però a non farla congelare se fuori ci fosse neve...).

Crema di nocciole

150 g di nocciole
200 g di cioccolato fondente 70 per cento
50 g di sciroppo di agave
100-150 ml di latte di riso o di avena o di soia o di mandorla

Frullate 100 g di nocciole pelate e leggermente tostate in padella o in forno: mi raccomando, non carbonizzatele altrimenti la crema prenderà un sapore amarognolo. Azionate il vostro mixer fino a ottenere una crema di nocciole dal profumo inconfondibile, dovrà risultare un impasto umido e oleoso. Unite il cioccolato fondente ridotto a piccoli pezzi e continuate a frullare. Unite alla crema 50 g di sciroppo di agave e 100 ml di latte vegetale e continuate a frullare fin quando raggiungerete la consistenza cremosa desiderata. Assaggiate e regolatene la consistenza: potrebbe essere necessario aggiungere altro latte vegetale se la crema dovesse risultare un po' troppo compatta. Riponete la crema in una ciotola e fate cuocere a bagnomaria per circa 20 minuti, mescolando di tanto in tanto. Assaggiate prestando attenzione a non ustionarvi lingua e palato! Quando la crema sarà fredda, conservatela in un vasetto di vetro.

Pranzo

Zucchine ripiene di seitan

Un secondo piatto davvero ideale anche per la «schiscetta» invernale da portare al lavoro. Il piatto è completo dal punto di vista nutrizionale grazie al matrimonio tra seitan e fagioli. Aromatizzate come preferite e preparatene in gran quantità: anche surgelato e mangiato dopo qualche settimana resta sempre molto buono. Approfittate di queste ricette che potete preparare e conservare: vi torneranno utili per qualche sera in cui avrete poca fantasia.

8 zucchine
1 porro
4 funghi champignon
200 g di seitan
150 g di fagioli borlotti lessati
timo fresco
100 g di olive nere denocciolate
2 cucchiai di pane integrale grattugiato
olio EVO
sale

Prendete le zucchine, tagliatele a metà nel senso della lunghezza e svuotatele delicatamente, conservando la polpa in una ciotolina. Affettate il porro a rondelle sottili e fatelo appassire, con un filo di olio EVO e due cucchiai di acqua, a fuoco dolcissimo! Nulla deve soffriggere! Unite i funghi e il timo tritati e continuate la cottura per qualche minuto. Nel frattempo passate il seitan nel mixer insieme alla polpa delle zucchine e ai fagioli borlotti lessati (e risciacquati qualora aveste scelto quelli in scatola) e subito dopo uniteli ai funghi e al porro in padella. Cuocete per altri 5 minuti. Spegnete il fuoco e lasciate raffreddare per una decina di minuti. Tritate grossolanamente le olive nere e unitele all'impasto seitan-fagioli-verdure e al pane integrale grattugiato. Riempite le zucchine con la farcia preparata e infornate per 30 minuti a 200-220 gradi.

Cena

Salmone al forno con cavolini di Bruxelles croccanti

E per cena? Cosa posso preparare di buono e gustoso, ma soprattutto di veloce? Diversi supermercati verso l'orario di chiusura «svendono» alcuni alimenti deperibili, come il pesce. Qualche volta entrando al supermercato in tarda serata mi capita di acquistare un po' di pesce e surgelarlo una volta arrivato a casa. Può sempre essermi utile, come in questa ricetta.

300 g di cavolini di Bruxelles
700-800 g di filetto di salmone
1 spicchio di aglio
4 cucchiai di olio EVO
1 ciuffo di timo fresco
scorza e succo di 1 limone

In una casseruola d'acqua portata a bollore, sbollentate i cavolini di Bruxelles, facendo attenzione alla cottura (devono rimanere belli croccanti: ricordiamoci l'importanza di masticare, siamo troppo disabituati a questa azione). Una volta pronti, stendete su una teglia i filetti di salmone e accanto i cavolini di Bruxelles, uno spicchio di aglio schiacciato (o tritato), un paio di cucchiai di olio EVO e qualche rametto di timo fresco, quindi infornate per 10 minuti al massimo a 180 gradi in modalità ventilata per i primi 7 minuti e quindi con impostazione grill per il tempo rimanente. Servite aggiungendo un paio di cucchiai di olio EVO, scorza e succo di limone.

GIORNO 20

#smsdellasalute 20

Ciao amico mio! Non possiamo definire un buongiorno questa mattinata piovosa, ma poco importa! Il sole lo faremo uscire noi! Buon movimento, scarica di endorfine e mangiare sano! Ecco come far tornare il sereno!! Saremo però un po' statici oggi, proprio come il tempo! Lavoriamo su movimenti "posturali". Dorso del gatto x15. One Leg Kick 10 x lato. Bracciata a rana x10. Esegui la progressione senza recupero tra gli esercizi e ripetuta per un totale di 3 volte. Muoversi non vuol dire solo correre o saltare! Questo è fitness! E fitness è vita!

Il fitness è vita, hai ragione. Senza attività fisica il corpo si spegne e lavora male, insomma è un po' una faticaccia ma si dovrebbero davvero spendere almeno 10 minuti al giorno di lavoro per migliorare il nostro organismo.

Questa mattina la colazione sono costretto a farla fuori. In casa solo un caffè e basta, alle 9 ho la riunione in Fondazione. Quindi dopo gli esercizi, doccia e si esce! Abbiamo scelto di fare colazione tutti insieme con pane (multicereali e segale) caldo e confettura di frutti di bosco che ha preparato una collega e che dalle foto che ha mandato deve essere davvero superlativa!

Pranzo

Pasta alla Ferzan

Un pranzo ideale? Eccolo qui, anche comodo da portare al lavoro con noi. La pasta l'ho lessata durante la doccia (non dovendo fare colazione ho utilizzato il tempo per preparare il pranzo). Insomma, mi sono portato avanti e non è stato così difficile!

320 g di mezze maniche integrali
1 radice di zenzero fresco
4-5 spicchi di aglio
2-3 cucchiai di pane integrale grattugiato
4-5 cucchiai di olio EVO
1 pizzico di sale

Cuocete la pasta in una casseruola di acqua leggermente salata. Contemporaneamente pelate e tagliate a tocchetti lo zenzero con un coltello, e stufatelo con un paio di cucchiai di acqua per 5 minuti. Aggiungete a questo punto gli spicchi di aglio in camicia e l'olio EVO, ma solo dopo aver abbassato la fiamma (non deve soffriggere). Non appena lo zenzero prende colore il condimento è pronto. Unite la pasta, mescolate, spolverate con il pane integrale grattugiato e mescolate nuovamente. PS questo è un piatto che ho mangiato a casa del maestro e amico Ferzan Ozpetek. Se volete, potete aggiungere al condimento qualche pomodoro secco reidratato.

Cena

Cuori di carciofo con crema di ricotta e pomodori secchi

La cena oggi è davvero golosa! Due portate proprio appetitose! Ricordate sempre di scegliere una ricotta priva di crema di latte (panna) perché solo così mangerete una «vera» ricotta, che per definizione non è un formaggio e «nasce» dalla cagliatura del siero del latte!

4 carciofi
200 g di ricotta fresca (quella «vera», senza panna e latte, solo siero)
5 pomodori secchi reidratati
1 cucchiaio di capperi sottaceto
1 cucchiaio di olio EVO
pepe nero

Pulite i carciofi dalle foglie esterne più dure, sbollentateli in una casseruola d'acqua bollente, quindi ripuliteli della parte interna (da conservare, eccetto la barba). Nel frattempo, preparate la farcia tritando i pomodori secchi, reidratati in acqua calda per 5 minuti, con i capperi, la parte interna dei carciofi e quindi aggiungeteli alla ricotta amalgamando il tutto con una forchetta. Aggiungete un cucchiaio di olio EVO, quindi riempite i carciofi e profumate con una macinata di pepe nero. Antipasto o secondo piatto pronto!

Gnocchi con salsa di broccoli

480 g di gnocchi di patate
1 testa di broccolo
1 spicchio di aglio
100 g di ricotta fresca (quella «vera», senza panna e latte, solo siero)
2 cucchiai di olio EVO
2 cucchiai di semi di sesamo
pepe

Cuocete gli gnocchi e raffreddateli sotto l'acqua corrente una volta venuti in superficie. Oliateli leggermente con un paio di cucchiai di olio EVO per non farli attaccare tra loro. Nel frattempo, cuocete al microonde i broccoli ridotti in cimette, frullatene circa 1/3 insieme allo spicchio di aglio e alla ricotta. Ecco la crema pronta per condire gli gnocchi. In una padella larga e antiaderente tostate il sesamo, quindi aggiungete la salsa di broccoli e ricotta e gli gnocchi. Mescolate bene per un minuto e aggiungete i broccoli sbollentati. Servite immediatamente! Al posto del sesamo, se preferite, potete cospargere gli gnocchi con polvere di nocciole: basterà semplicemente frullare al mixer una manciatina di nocciole per pochi secondi! Potreste anche frullarne di più e conservarle in frigorifero in un barattolino, come fosse formaggio grattugiato!

GIORNO 21

#smsdellasalute 21

Ciao Marco! Il tuo angelo del fitness è tornato per donarti salute... e qualche consiglio per metterti in movimento!! Oggi due esercizi che personalmente amo!! Lavoriamo sul funzionale! Mountain Climbers 4x30'' (max) rec 1'. One Leg Stretch 3x20 rec 30''. La determinazione è la chiave di ogni successo, non lasciare che gli ostacoli distruggano la tua visione!! Ciao amico mio!! Buono stare in forma!!!

I biscotti di qualche mattina fa sono anche oggi come appena sfornati, quindi eccoli protagonisti di questa colazione con un buon caffè.

A metà mattina però spazio alle mie noci e mandorle...

Pranzo

Crostini di pane di segale con pera grigliata, caprino su letto di radicchio alla piastra con semi di zucca tostati

Non vi sembrerà vero ma anche questo è un pranzo completo e veloce, gustoso e sano!!! Spesso vi propongo queste alternative buone e ricche, dove si sposano fonti di carboidrati, vitamine, fibre e proteine.

8 fette di pane di segale
1 cespo di radicchio di grandi dimensioni
2 pere
400 g di caprino (preferibilmente light)
1 manciata di pinoli
1 manciata di semi di zucca tostati
1 limone
4 cucchiai di olio EVO
1 pizzico di sale
pepe nero

Tagliate le fette di pane a metà per formare dei triangoli e tostatele al forno oppure in una padella antiaderente. Non carbonizzatele, mi raccomando! Nel frattempo, tagliate la pera prima a metà (senza sbucciarla) e poi a fettine dello spessore di circa mezzo centimetro e grigliatele in una padella antiaderente insieme ai pinoli e ai semi di zucca. Cuocete, poi, sulla piastra le foglie di radicchio precedentemente tagliate e lavate. In una ciotola, condite il caprino con succo di limone, pepe e un filo di olio EVO, quindi mescolate fino a ottenere una crema liscia e omogenea. Componete i crostini: su ogni fetta di pane tostato, disponete una foglia di radicchio alla piastra, la crema di caprino e la fetta di pera grigliata, quindi aggiungete in superficie i semi di zucca e i pinoli tostati e servite.

Salsa verde

E se vi avanzasse del pane, ecco che vi torna utile la mia salsina verde.

2 mazzetti di prezzemolo
6 cucchiai di olio EVO
1 spicchio di aglio
1 scalogno
succo di 1 limone
1 cucchiaio di yogurt greco 0 per cento di grassi
2 cucchiai di acqua
1 cucchiaio di pane integrale grattugiato (facoltativo)

Prepararla è davvero semplicissimo. Pulite il prezzemolo eliminando la parte di gambo più legnosa, svestite aglio e scalogno e via... frullate insieme tutti gli ingredienti alla massima velocità del mixer. Ecco la vostra salsina, pronta in pochissimi minuti. Se risultasse troppo liquida, basta aggiungere un cucchiaio di pane integrale grattugiato.

Cena

Riso rosso integrale con carote stufate,
profumato con cumino e prezzemolo fresco

320 g di riso rosso integrale
3-4 carote
1 spicchio di aglio
semi di cumino
1 ciuffo di prezzemolo fresco
4 cucchiai di olio EVO
1 pizzico di sale
2 cucchiai di pane integrale grattugiato

Cuocete il riso rosso integrale in una casseruola di acqua leggermente salata e portata a bollore. Per ogni parte di riso ne serviranno due di acqua. Cuocetelo fino a completo assorbimento dell'acqua. Nel frattempo, stufate in un wok le carote (precedentemente pulite e tagliate a rondelle molto sottili) insieme a uno spicchio di aglio e a 1 pizzico di sale, aggiungendo 3 cucchiai di acqua e 2 cucchiai di olio EVO. Una volta pronto il riso, lasciatelo raffreddare bene disponendolo su un piatto piuttosto largo, quindi aggiungete 2 cucchiai di olio EVO e profumate con una spolverata di prezzemolo fresco tritato e i semi di cumino. Quando le carote saranno pronte, aggiungete il riso «condito» e fate saltare un paio di minuti cospargendolo di pane integrale grattugiato.

GIORNO 22

#smsdellasalute 22

Ehilà Marco! Questo è un buongiorno! Ma diventerà uno splendido giorno dopo che avrai messo in movimento il tuo corpo! Prendi due bottiglie d'acqua che ti spiego due esercizi semplici ma efficaci! Rinforziamo i muscoli pettorali! Ti sdrai per terra, con le gambe piegate ed esegui: Pullover 3x15 mantenendo 10'' di isometria in fase di allungamento e 10" in fase di contrazione con 1' rec a fine serie prima di ripeterlo per altre 2 volte. Aperture con sovraccarico 3x15 con 10'' isometrici in fase di allungamento muscolare, 1' rec. E anche oggi ti senti e ti fai del bene!! I limiti esistono solo nell'anima di chi non ha sogni! Ciao Marco!! Splendida e salutare giornata!!!

Ci sono mattine in cui il mio yogurt di soia è molto atteso da palato e pancia: oggi ne ho provato uno alla vaniglia che non ha paragoni! Mai assaggiato prima qualcosa di così buono!!! Se pensate a come si ottiene, da fagioli di soia italiana e biologica, non ci si crede davvero. Ecco, il mio buon yogurt vegetale lo accompagno con qualche nocciola, un cucchiaio di avena e qualche biscotto fondente. Eccovi la ricetta!

Biscotti fondenti

110 g di farina di avena
100 g di farina 0
30 g di frumina (amido di frumento)
100 g di noci tritate
40 g di zucchero integrale di canna mascobado
7 cucchiai di olio di mais
2 cucchiai di acqua tiepida
3 cucchiaini di cacao in polvere
80 g di cioccolato fondente 80 per cento in scaglie

Mescolate per bene tutti gli ingredienti (i due cucchiai di acqua vanno aggiunti uno alla volta e solo durante l'impasto perché potrebbero anche non servire: l'umidità dell'ambiente e della farina influenza tanto). Stendete la pasta allo spessore di circa mezzo centimetro e ritagliate i biscotti con la forma desiderata. Infornateli per circa 15-20 minuti in forno già caldo a 170 gradi in modalità statica.

Cioccopere sugarfree

Avanza cioccolato, amici? Ecco la mitica cioccopere nella versione sugarfree... una sana colazione o ottima merenda, magari accompagnata da un caffè lungo amaro o da una tisana alla cannella!

350 g di cioccolato fondente al 72 per cento
600 ml circa di latte di riso o di soia o di mandorla
3-4 pere mature (o 2 scatolette di pere sciroppate senza zucchero aggiunto, che io preferisco per la loro migliore resa in termini di umidità)
80 g di noci
12 datteri preferibilmente non glassati
3 cucchiai di olio di mais
130 g di farina integrale
120 g di farina 0
80 g di frumina (amido di frumento)
1 bustina di lievito
1 cucchiaino di cacao amaro

Iniziate mettendo a bagnomaria il cioccolato con circa 200 ml di latte vegetale. Nel frattempo, mentre il cioccolato si fonde dolcemente, sbucciate e tagliate a pezzetti le pere (o cubettate quelle sciroppate). Tritate insieme nel mixer noci, datteri (denocciolati), tre cucchiai di latte vegetale e olio di mais. In pochi secondi avete ottenuto un burro ammorbidito pronto all'uso! Setacciate e miscelate le tre farine e unitevi il lievito, il cacao amaro, il restante latte vegetale e il cioccolato fondente fuso a bagnomaria. Mescolate bene e quindi aggiungete il composto frullato al mixer, il nostro burro di datteri e noci. Mescolate e, una volta ottenuto un composto omogeneo, aggiungete le pere che avete tagliato in precedenza. Versate l'impasto nella tortiera foderata con carta da forno e cuocete in forno preriscaldato a 200 gradi per 45-50 minuti, bagnando la superficie con un paio di cucchiai di acqua o di conserva delle pere in scatola. Terminato il tempo di cottura, spegnete il forno e lasciatevi la torta per altri 10 minuti, senza toccarla! Servitela fredda, anche da frigorifero, ma potete assaggiarla calda calda...

Pranzo

Radicchio stufato con capperi e sgombro grigliato al profumo di prezzemolo

8 cespi di radicchio
1 spicchio di aglio
80 g di capperi
240 g di filetti di sgombro grigliati all'olio d'oliva
mezzo limone
1 ciuffo di prezzemolo fresco
4 cucchiai di olio EVO

Tagliate i cespi di radicchio in quattro e fateli stufare in un wok insieme a uno spicchio di aglio, aggiungendo qualche cucchiaio di acqua e 2 cucchiai di olio EVO. Se necessario, allungate con ulteriore acqua. A metà cottura, aggiungete i capperi, dopo averli sciacquati accuratamente, e solo quando il radicchio risulterà ben appassito e adeguatamente insaporito, spegnete la fiamma. Disponete il radicchio su un piatto da portata, condite con il succo di mezzo limone e 2 cucchiai di olio EVO, quindi aggiungete in superficie i filetti di sgombro grigliati e una spolverata di prezzemolo fresco tritato e servite.

Polpettine croccanti di quinoa

320 g di quinoa
1 zucchina
1 ciuffo di prezzemolo
1 cipolla
olio EVO
200 g di farina di mais integrale
sale
pepe

Dopo aver sciacquato sotto l'acqua corrente la quinoa per 5 minuti (così facendo eliminerete le saponine che producono schiuma, ma soprattutto rendono amarognola la quinoa) e averla lessata in acqua leggermente salata cuocendola nel doppio del suo volume, scolatela e fatela raffreddare a temperatura ambiente. Riducete in piccoli dadini la zucchina e unitela al trito di prezzemolo e cipolla. Passate al minipimer circa metà quinoa lessata così da renderla più «manipolabile» e appiccicosa. Incorporate olio EVO, zucchina, prezzemolo e cipolla. Lavorate con le mani e formate delle polpettine che passerete nella farina di mais integrale. Se necessario, aggiungete un paio di cucchiai di acqua tiepida. Nebulizzate con l'olio EVO le polpettine impanate e cuocete in forno a 220 gradi fino a doratura riponendo le polpettine sulla teglia rivestita con carta da forno. Ci vorranno circa 20 minuti. Servite tiepide!

Cena

Vellutata di cavolfiore e verza

Una cena al cucchiaio? Si può fare, eccome... Mi raccomando la parola d'ordine: gusto!

1 cavolfiore lessato
mezza verza lessata
1 cipolla piccola
pane di segale
olio EVO
sale
pepe

Dopo aver lessato il cavolfiore e la verza, al microonde, a vapore o in poca acqua portata a bollore, ecco che la cena è quasi pronta. Ho specificato «già lessata» tra gli ingredienti perché oggigiorno in alcuni supermercati trovate verdure di stagione, italiane, lessate fresche e conservate (per poco tempo) in pacchetti sottovuoto: potreste anche optare per questa tipologia di verdure. Una volta cotte, basta frullarle insieme alla cipolla portando a bollore e aggiustando di sale e pepe. Servite la crema dopo averla fatta sobbollire per circa 10 minuti. Aggiungete olio EVO e pane di segale sul fondo del piatto! PS possiamo completare questa vellutata aggiungendo una dadolata di tofu e del riso integrale, dell'avena o del miglio semplicemente lessati in acqua.

GIORNO 23

#smsdellasalute 23

Buongiorno Marco! Pronto? Oggi si lavora di riposo, la protagonista sarà la respirazione diaframmatica utile per ridurre tensioni, lavorare sulla postura e aiutare in caso di infiammazioni intestinali! Marco caro, funziona davvero!!! Provaci!!! La respirazione diaframmatica l'assocerai alla famosa Squadra di Mézières: 20 minuti in tutta tranquillità e la giornata prenderà una piega diversa. Trova la parete più libera che hai in casa: gambe al muro, busto a terra formando un angolo di 90 gradi con il bacino; la tua schiena diventerà un tutt'uno con il pavimento mentre le tue gambe saranno il muro! Ti abbraccio forte, buona giornata Bella&Buona!

Ancora sette giorni, Dany caro. Ancora sette giorni di fatica, ma so bene che non dovrà fermarsi tutto a questo mese di lavoro, già, lo so.

Comunque sei davvero fantastico, ogni giorno una parte del corpo che lavora più di un'altra. Mi stai tenendo allenato e sento benefici continui; inoltre l'attività fisica permette di tenere sveglio e attivo il sistema immunitario e quindi di ridurre i malanni di stagione; insomma lavoro davvero volentieri e quindi grazie!

Un dubbio mi assale per la colazione di oggi... barbatorta o crumble di mele? A voi la scelta amici in movimento:

Barbatorta

150 g di barbabietola lessata
100 g di farina 0
100 g di farina integrale
70 ml di olio di mais
180 ml di latte di mandorla
180 g di nocciole tritate
70 g di zucchero integrale di canna mascobado
1 bustina di lievito
170 g di cioccolato fondente 70 per cento

Frullate la barbabietola con 130 ml di latte di mandorla e mettete da parte. Tritate le nocciole grossolanamente e quindi unite le farine, lo zucchero, il lievito e mescolate. Aggiungete al mix di ingredienti secchi la barbabietola frullata con il latte di mandorla, il miele e l'olio. Mescolate bene e nel frattempo sciogliete a bagnomaria il cioccolato con i restanti 50 ml di latte di mandorla. Quando è sciolto unitelo al composto, mescolate bene e infornate per circa 45 minuti a 180 gradi.

Crumble di mele con confettura di pesche

3 mele con la buccia
60 g di farina 0
60 g di farina integrale
20 g di farina di mais
100 g di nocciole
100 g di confettura di pesche
2 cucchiai di avena in fiocchi non zuccherata
60 g di zucchero integrale di canna mascobado
50 g di olio di mais
latte di riso o altro latte qb per avere un impasto granuloso

Tagliate le mele a cubetti piccoli e ponetele in una teglia rivestita con carta da forno, cospargete la superficie con confettura di pesche e mettete da parte. Tritate al mixer nocciole e avena fino a ottenere un composto «sabbioso». Preparate il crumble mescolando insieme le farine, lo zucchero di canna, il trito «sabbioso», l'olio e il latte che dovrà esser aggiunto poco alla volta (un cucchiaino per volta). Lavorate velocemente con le mani l'impasto fino a ottenere un composto granuloso che non si lega. È pronto da versare sopra le mele. Infornate per 35-40 minuti a 180 gradi in modalità statica.

Pranzo

Insalata di avena con pomodori secchi e cime di rapa

320 g di avena in chicco
6 pomodori secchi
300 g di cime di rapa
1 spicchio di aglio
olio EVO
sale
pepe

Lessate l'avena, scolandola piuttosto al dente. Nel frattempo, in una pentola molto larga, fate stufare le cime di rapa con tre cucchiai di acqua, il sale e lo spicchio di aglio schiacciato. Mi raccomando, riducete le cime di rapa in piccole parti prima di stufarle, cuoceranno rapidamente e in modo omogeneo, gambi inclusi ovviamente. Tagliate a striscioline i pomodori secchi e uniteli alle cime. Una volta cotta l'avena, scolatela, raffreddatela e unitela alle cime di rapa cotte con i pomodori ormai reidratati. Condite con olio EVO e pepe e fate saltare a fuoco vivace per circa 5 minuti.

Cena

Zuppa di cipolle

Amiamo la Francia e, spesso, ci regaliamo tre giorni in questa magica e romantica nazione. Non tutta la cucina francese è da considerare grassa e poco salutare, anzi... Dobbiamo fare nostre alcune tradizioni che non ci appartengono, trasformandole in versioni gustose e sane. Un esempio? La zuppa di cipolle: dietetica, lassativa e molto diuretica. A voi la ricetta, per noi questa sera la cena! Unica pecca: dover cucinare con la finestra socchiusa...

1 patata grossa
5 cipolle grosse
2 spicchi di aglio
700 ml di acqua
2 rametti di rosmarino
olio EVO
sale
pepe

Stufate le cipolle in un tegame antiaderente, aggiungete solo 1 pizzico di sale, mezzo bicchiere di acqua e il rametto di rosmarino. Quando le cipolle si saranno imbiondite, aggiungete gli spicchi di aglio, la patata con buccia tagliata a pezzetti e quindi l'acqua. Fate sobbollire a fiamma moderata per circa 20 minuti, quindi frullate con un frullatore a immersione, regolate di sale e pepate. Servite con olio EVO a filo a crudo. Potete optare per l'utilizzo di una patata dolce al posto della patata «normale» e aggiungere dei crostini di pane di segale tostati!

GIORNO 24

#smsdellasalute 24

Ciao Marco, non dirmi che sei sempre a letto! Oggi diamo una svolta ai nostri 10 minuti unendo divertimento, salute e vita! Adotterai una tecnica basata sui tempi invece che sulle ripetizioni. Saranno 8 serie così suddivise: 20″ di lavoro e 10″ rec. Ecco gli esercizi. Push Up inclinato (con i piedi su un rialzo) e addominali in isometria. Ogni giorno dai sempre il massimo e non trascurare mai niente, la vita è tua!!! Le redini del tuo benessere le hai in mano tu!

Tempi veloci ma esercizi massacranti! Comunque continuo a leggere letteratura scientifica che parla dei benefici di questi esercizi funzionali. Grazie Dany!

E ora, però, la colazione. Oggi vi propongo dei muffin all'insegna della frutta secca che in questa stagione è protagonista in molte dispense degli italiani, erroneamente però, perché tutto l'anno dovremmo consumare ogni giorno 30 g tra noci, mandorle, nocciole, pinoli, pistacchi, ovviamente non salati.

Qui le mie tanto amate noci nella versione muffin.

Muffin alle noci

300 g di cioccolato fondente 70 per cento
120 g di farina integrale
150 g di noci tritate
mezza bustina di lievito
200 g circa di latte di soia o latte di mandorla
50 g di zucchero integrale di canna mascobado
o due cucchiai di miele tipo millefiori, delicato
40 g di olio di girasole o EVO delicato

Sciogliete il cioccolato e lasciatelo raffreddare per una decina di minuti, quindi aggiungete tutti gli ingredienti e mescolate con molta energia! Infornate nelle formine per muffin per circa 30 minuti a 170-180 gradi in modalità statica. Lasciate raffreddare prima di sformare i muffin.

Pranzo

Seitan a sorpresa

200 g di spinaci
100 g di pane integrale grattugiato
1 spicchio di aglio
400 g di seitan
30 g di scalogno
timo
peperoncino in polvere
olio EVO
sale

Lavate gli spinaci e fateli stufare in pochissima acqua. Scolateli, strizzateli e tritateli insieme al pane grattugiato, all'aglio e a un po' di olio. Regolate di sale. Affettate sottilmente il seitan lasciando attaccate le fette a due a due da un lato e farcitele con gli spinaci sigillando i bordi aperti con stuzzicadenti. Mettete i fagottini a marinare in frigorifero per almeno 8 ore con olio, peperoncino e il trito di scalogno e timo. Scaldate una piastra (o il grill del forno), scolate i fagottini e fateli cuocere per 5 minuti, bagnandoli con la marinata. Serviteli con la marinata rimasta.

Cena

Jacket potato con lenticchie al curry

4 grosse patate
1 cipolla
1 carota
1 gambo di sedano (conservate anche le foglie)
150 g di lenticchie rosse
curry
olio EVO
sale

Cuocete le patate in forno in questo modo: dopo averle lavate accuratamente, incartatele con la buccia nei fogli di alluminio e quindi infornate per circa 45 minuti a 200 gradi. Nel frattempo, tritate finemente sedano, carota e cipolla e mettetele a stufare, salandole un poco, per 10 minuti. Aggiungete le lenticchie rosse e quindi acqua fino a coprirle. Cuocete per circa 30 minuti insaporendo con un cucchiaino di curry e le foglie del sedano spezzettate grossolanamente. Tirate fuori dal forno le patate, aprite i cartocci e tagliate a metà ogni patata. Svuotate leggermente ogni metà con un cucchiaio e unite questa purea di patata alle lenticchie ormai cotte. Mescolate bene e riempite ogni patata con la farcia di lenticchie. Richiudete ogni patata come fosse un sandwich, oliate con un filo di olio EVO e infornate nuovamente per circa 10 minuti. Sono pronte da servire in tavola.

GIORNO 25

#smsdellasalute 25

I giorni passano, la forma continua ad alimentarsi! Buongiorno Marco!!! Spero che questo sia un ottimo risveglio, è l'sms della salute che ti parla. Oggi adotterai la stessa nuova tecnica di ieri, ovvero la 20/10, ma questa volta lavoreranno le gambe. Pronto? Ecco gli esercizi. Squat bulgaro 4 serie per gamba per un totale quindi di 8 serie. Torsioni in isometria è il secondo esercizio: 8 serie in 20/10. Con una goccia di sudore che perdi, costruisci la tua forma fisica migliore! Il trucco è sempre lo stesso: non arrendersi mai!

La colazione di oggi? Semplice semplice semplice: 4 quadratini di cioccolato al 72 per cento con 3 gallette di farro/riso integrale, il mio solito caffè e un frullato di pera, mela e zenzero. Provatelo! Risveglia e riscalda la giornata, anche la più fredda!

Pranzo

Soba in brodo con verdure

Spesso ci regaliamo un momento orientale da vivere in casa o – perché no? – fuori, nel nostro ristorante preferito... questo pranzo sarà dunque un piatto di soba (spaghettini di grano saraceno) in brodo con verdure e tofu.

10 cimette di broccoli
1 carota
1 cipollotto
1 porro
5 cucchiai di salsa di soia oppure 1 pizzico di sale
1 pezzetto di zenzero
320 g di soba
300 g di tofu al naturale

Pulite il broccolo e riducetelo a cimette piccole piccole, pelate la carota, il cipollotto e il porro e affettateli finemente (del porro consumiamo anche la parte verde che regalerà molto gusto al brodo). Fate sobbollire carota, cipollotto, porro e broccolo in circa 1 l di acqua, aromatizzate con salsa di soia e zenzero tagliato a velo. Dopo circa 20 minuti di bollore, aggiungete la soba e il tofu tagliato a cubetti. Mescolate e attendete qualche minuto a fuoco spento. Consumate la soba in brodo con le verdure tiepide ed eventualmente aggiungete un filo di olio EVO o di sesamo se lo avete in dispensa.

Cena

Pizza da asporto con salsa speciale

E questa sera pizza ma delivery! C'è una pizzeria di fiducia che chiamo spesso per ordinare... cosa? Una teglia mezza Margherita e mezza al solo pomodoro e origano. Mentre la pizza è in arrivo, cuocio a vapore le zucchine e i broccoli e in una padellina verso 1 l di salsa di pomodoro e una cipolla tritata, aggiungo origano in abbondanza e un paio di cucchiai di olio EVO. Lascio sobbollire ed ecco in meno di 10 minuti la mia salsa «extra» che accompagnerà il mio trancio di pizza con verdure al vapore. Avete mai assaggiato la pizza semplicemente con cipolle lessate o cotte al forno? È qualcosa di veramente spaziale. Provatela e non ve ne pentirete!

Il dolcetto ideale del mio dopopizza? Melagrana sgranata con cannella, spremuta di arancia e miele (rigorosamente un cucchiaio di melata del mio amico Renato)! Buonoooo questo dolce così invernale per me... Non so come voi puliate la melagrana, io la taglio a metà e, appoggiandomi sul lavandino, rivolgo ogni mezza melagrana, lato chicchi, in direzione della ciotola e inizio a battere con il dorso di un cucchiaio di legno sulla parte opposta del frutto. Come per magia, i chicchi rubino iniziano a cadere!

GIORNO 26

#smsdellasalute 26

L'angelo del fitness è tornato per migliorare sempre più il tuo aspetto fisico. Oggi due esercizi che ti doneranno salute e risultati, ma ti metteranno soprattutto di buonumore: Quad Press e Jack Knife inverso sempre in 20/10. Ti piace questo sistema di allenarti? Corri e non fermarti mai, come in una maratona gli ultimi km sono sempre i più duri: se ti fermi perdi tutto il lavoro che hai fatto.

Davvero tosto, ma questo sistema 20/10 non mi dispiace... è un po' lo stesso che sfruttiamo nel «box» funzionale che frequento spesso. Lavori lavori per poco tempo e lasci ai tuoi muscoli un ricordo che non svanirà nell'arco di poche ore, anzi si farà sentire.

E dopo questa breve ma intensa seduta di fitness, doccia e colazione, cosa scelgo?

Oggi ho proprio voglia di un frullato, un po' speciale! Mezza mela, una banana, sette mandorle, una piccola pera che ormai urla vendetta, un pezzetto di zenzero e mezzo bicchiere di latte di mandorla. Preferisco il frullato alle centrifughe per il semplice fatto che resta più completo: vitamine, sali minerali, ma soprattutto tante fibre che aiuteranno a restare sazi per gran parte della mattinata. E dopo il frullato, sgranocchio volentieri una mia barretta di frutta secca e cereali integrali.

Pranzo

Riso integrale con la zucca

Daniele, ma tu sei più per pasta o riso? E voi? Io credo di avere una predilezione per la pasta, ma ci sono dei momenti in cui ho una voglia matta di riso o di risotto... Oggi, visto che ho in casa la zucca, questo piatto è l'ideale.

320 g di riso integrale
1 scalogno
2 rametti di rosmarino
500 g di zucca mantovana
2 cucchiai di olio EVO
150 g di ricotta fresca (quella «vera», senza panna e latte, solo siero)
noce moscata o pepe nero (facoltativi)
sale

Tostate il riso e aggiungete dopo pochi minuti un paio di cucchiai di olio EVO, quindi lo scalogno tritato molto finemente. Continuate la cottura per circa 5 minuti, aggiungete acqua tanto da coprire il riso e portate a bollore regolando di sale. Dopo 15 minuti di bollore, aggiungete il rosmarino tritato finemente e la zucca a cubetti. Continuate a cuocere aggiungendo circa un paio di bicchieri di acqua. Mescolate in continuazione e solo quando la zucca si sarà ammorbidita e il riso cotto, unite la ricotta e mescolate. Il riso è pronto e da servire. Potete aromatizzalo aggiungendo un poco di noce moscata o del pepe nero, o aumentarne la cremosità frullandone una piccola parte e mescolandola poi al resto del riso.

Cena

Zuppa di farro e fagioli cannellini

Non è avanzato del riso da riciclare e saltare in padella questa sera? Nessun problema, continuiamo a vivere la stagione fredda con una zuppa che ha i profumi di questo periodo.

320 g di farro
2 spicchi di aglio
1 rametto di rosmarino
2 foglie di alloro
1 manciata di funghi secchi
5 pomodori secchi
300 g di fagioli cannellini lessati
olio EVO
pepe

Mettete a cuocere in circa 1,2 l di acqua il farro con gli spicchi di aglio, gli aromi tritati, i pomodori secchi tagliati a striscioline e quindi i funghi secchi. Cuocete facendo sobbollire per circa 40 minuti e regolate di sale. Dopo circa 20 minuti dal bollore, aggiungete i cannellini lessati in precedenza (oppure in scatola, purché risciacquati, o surgelati). Servite con olio EVO e pepe nero macinato al momento.

Focaccia con mele e cannella

E semmai desideraste un dolcetto per i giorni successivi, ecco la mia focaccia con mele e cannella.

400 g di farina tipo manitoba
500 g di farina integrale
100 g di farina di semola di grano duro
650 ml di acqua
50 ml di olio EVO
mezzo panetto di lievito di birra da 25 g
7 mele grosse
120 g di zucchero integrale di canna mascobado
1 limone
1 cucchiaino di cannella
1 cucchiaino di sale

Riunite le farine e formate la classica fontana dentro alla quale verserete il lievito sciolto nell'acqua tiepida; mescolate per bene con un cucchiaio o forchetta e quindi aggiungete olio, sale e 30 g di zucchero mascobado. Lavorate con le mani energicamente fino a ottenere un impasto morbido ed elastico. Mettetelo in una ciotola leggermente oliata e quindi copritelo e lasciatelo lievitare in frigorifero per circa 18-24 ore. Con questo tipo di lievitazione la focaccia risulterà molto più digeribile rispetto ai lievitati «classici». Due ore prima della «cottura», tirate fuori dal frigorifero l'impasto lievitato, attendete che sia a temperatura ambiente, e nel frattempo affettate le mele conservandone la buccia e ponete le fettine in una casseruola con il succo di limone, la scorza, la cannella e lo zucchero mascobado. Lasciate insaporire le mele per le due ore durante le quali l'impasto tornerà alla temperatura ambiente. Trascorso questo tempo, rovesciate l'impasto in una teglia da forno leggermente oliata e stendetelo allo spessore di circa 1 cm distribuendo in superficie le mele insaporite. Cospargete di cannella e infornate in forno preriscaldato a 220-240 gradi ponendo la teglia nella parte più bassa per 10 minuti circa, dopodiché continuate la cottura a un piano superiore per altri 20 minuti. Servite calda!

GIORNO 27

#smsdellasalute 27

Eh sì che se ti muovi così fai bene! Buongiorno Marco! Carico? Motivato?? Ecco cosa farai oggi! Squat Kick in 20/10 4 serie per gamba. Gladiator Press in 20/10 4 serie per lato. Avanti a tutta forza! Stare in forma è la cosa più bella che la vita ci offre!!! Non lasciamocela scappare!!

Ma cosa ti sogni amico mio? So che mangi «alla Marco Bianchi», ma temo tu abbia mangiato pesante ieri sera! Mi vuoi davvero far fuori!

Ho le gambe che già mi fanno male, le sento pesanti e so già che domani faticherò a muovermi, ma tanto confido sul fatto che domani sarai più buono... vero?

Al momento non ci voglio pensare, doccia e colazione.

La classica colazione, quella di molti di voi, ma ovviamente nella versione Marco Bianchi.

Un paio di fette biscottate prodotte con farina integrale o di farro, o kamut con magari dei semi di lino e ovviamente senza grassi aggiunti, se non olio EVO o olio di mais-girasole, e confettura 100 per cento frutta, senza zucchero aggiunto. Io la preferisco di pere o la classica di albicocche... ma attenzione! Leggete sempre le etichette, perché una buona e sana confettura deve contenere almeno 50 g di frutta per 100 g di prodotto e massimo 40 g di zuccheri totali.

Pranzo

Ribollita

Un po' in tuo onore, caro Daniele, un po' perché mi fa impazzire e soprattutto resiste per giorni (diventa sempre più buona), e conservandola sul balcone al freddo delle temperature del periodo è ideale!

2 porri
1 scalogno
1 cavolo nero
1 cavolo verza
1 mazzetto di bietole
1 cipolla
3 patate
3 carote
2 gambi di sedano
2 spicchi di aglio
2 pomodori
3 cucchiai di concentrato di pomodoro
600 g di fagioli cannellini già ammollati o lessati
olio EVO
sale
pepe

Stufate in poca acqua i porri, lo scalogno e la cipolla affettati. Quando la cipolla si è ammorbidita potete aggiungere via via le altre verdure tagliate a listarelle facendole cuocere per una ventina di minuti. A questo punto aggiungete 1,5 l di acqua salata (poco), il concentrato di pomodoro e i cannellini. Fate sobbollire per un'altra ventina di minuti e poi estraete un paio di mestoli di zuppa che andrete a frullare e pepare, per poi riversarli nella pentola. Continuate la cottura per 1 ora, sempre a fuoco basso. Una volta cotta, potete servire la zuppa con pane toscano raffermo o tostato al forno, o pane di segale, ma è fantastica anche senza!

Cena

Polpette di broccoli

Queste polpette sono davvero deliziose e, come tutto ciò che è polpettoso, «una tira l'altra». Le abbino quasi sempre a del cous-cous integrale condito con solo olio EVO e prezzemolo, oppure con del riso basmati o Venere semplicemente lessato.

1 broccolo
50 g di pecorino
1 manciata di pinoli
3 acciughe sott'olio
3/4 cucchiai di pane integrale grattugiato
4 cucchiai di farina di mais fioretto
olio EVO

Cuocete il broccolo ridotto a cimette a vapore o in pochissima acqua in una casseruola. Scolatelo bene (non deve contenere acqua) e unitelo alle acciughe e al pecorino in una grossa ciotola. Passate tutto con il minipimer per ottenere un impasto asciutto e morbido. Unite il pane grattugiato e i pinoli e mescolate bene. Formate delle polpette che passerete nella farina di mais, infornate per 20 minuti circa a 220 gradi previa nebulizzata con olio EVO su tutte le polpette!

Mele e pere cotte con cioccolato, nocciole e cannella

Un dopocena saziante, goloso e salutare?

2 mele Renette o Golden
2 pere Kaiser
1 limone
scorza di 1 arancia
1 cucchiaino di cannella
3 cucchiai di nocciole tritate
4 quadratini di cioccolato fondente 72 per cento

Tagliate mele e pere in quattro e ponete gli spicchi in una casseruola a bordi alti insieme all'acqua. Dovete aggiungere acqua fino a coprire circa metà del volume di mele e pere. Aggiungete nell'acqua la cannella, il succo di limone e la scorza grattugiata sia del limone stesso sia dell'arancia. Fate sobbollire per circa 10 minuti, quindi ponete la casseruola nel forno con funzione grill cospargendo la superficie di nocciole tritate e scaglie di cioccolato tagliate al coltello.

GIORNO 28

#smsdellasalute 28

Ciao guerriero della salute! Buongiorno! Oggi ho pensato a un esercizio impegnativo ed efficace! Plank Push Knees in 20/10. Spinal Rock 3x20 rec 30''. Mantieni una grande disciplina, la massima dedizione e vai oltre ogni limite!!

Ventottesimo giorno. Ma quanta fantasia! Avevo capito fin dall'inizio che eri un *personal trainer* fuori dagli schemi... Bene bene, si lavora anche oggi. Non sembra vero quanto poco basti per farsi del bene. Con questo tempaccio è davvero «comodo» faticare in casa.

Ieri sera mi sono gustato le buonissime mele e pere cotte e adesso ho nuovamente voglia di questo profumo di agrumi e cannella. Un'idea? Eccola qui.

Torta all'arancia, cioccolato e cannella

150 g di farina integrale
150 g di farina 0
1 cucchiaino colmo di cannella in polvere
scorza di 1 arancia
170-200 ml di spremuta di arancia (rossa è meglio)
70 g di zucchero integrale di canna mascobado
80 g di cioccolato fondente a scaglie
1 bustina di lievito per dolci
60 g di olio di mais o girasole
zucchero a velo vanigliato per guarnire

Preriscaldate il forno a 180 gradi. Miscelate tutti gli ingredienti secchi insieme in una capiente ciotola, quindi aggiungete la spremuta (poca alla volta) e l'olio e mescolate bene. Il composto dovrà risultare morbido al cucchiaio e fare il «filo». Versate in una teglia di silicone o rivestita con carta da forno e infornate per circa 45 minuti a 180 gradi controllando la cottura con uno stuzzicadenti.

Pranzo

Burghul alle noci

Un pranzo veloce ma gustoso e ricco di salute? Un pranzo che profuma di questa stagione? Ho sempre parlato di nonno Eurico e della sua passione per la cucina, che mi ha trasmesso, ma questo libro in qualche modo nasce per nonna Giuliana, amante dell'autunno, del freddo e della nebbia milanese...

320 g di burghul
zafferano
40 g di noci
1 cipolla
olio EVO
sale

Sciacquate il burghul, versatelo in una casseruola con mezzo litro di acqua bollente leggermente salata e insaporita da zafferano (basterà semplicemente stemperarlo nell'acqua bollente con una forchetta) e lasciatelo cuocere, cioè rigonfiare, per 30 minuti scarsi. Pestate le noci e tritate la cipolla molto finemente. Fate saltare in padella antiaderente senza aggiungere condimento e senza carbonizzare la cipolla. Unite il burghul, mescolate per bene aggiungendo un filo d'olio. Lasciate intiepidire e servite.

Cena

Pasta e fagioli

La cena più invernale che conosca! La mitica pasta e fagioli, ovvero la «mia pasta e fasoi» milanese!

320 g di pasta
400 g di fagioli borlotti surgelati
1 cipollotto
un quarto di verza
olio EVO
paprika affumicata
sale
pepe

Fate cuocere in circa 1 l di acqua i borlotti insieme al cipollotto affettato finemente e alla verza tritata. Aggiustate fin da ora di sale e pepe. Dopo circa 10 minuti dal bollore, cuocete la pasta in una casseruola a parte. Scolatela al dente, raffreddatela e unitela a borlotti e verza previa breve frullata a una parte di essi. Aggiungete un cucchiaino di paprika affumicata e quindi olio EVO. Servita dopo circa 30 minuti dalla preparazione, secondo me è molto molto più buona! Spero abbiate riempito il freezer con i borlotti freschi questa estate, in alternativa ricordate che anche quelli surgelati che trovate al supermercato non hanno controindicazioni: è un po' come se li avessero presi per noi al mercato e poi surgelati!

Torta al mandarino

Associo sempre, e dico sempre, il profumo dei mandarini al Natale... dopo il pranzo, l'arrivo del cesto di frutta fresca e secca, l'assalto ai mandarini, per non parlare del gelato al gusto mandarino, portato in tavola proprio per digerire. Ecco, questo faceva parte della mia infanzia... dei miei ricordi della numerosa tavolata natalizia, all'epoca dei «nonni», quando eravamo tutti insieme. Ora le cose sono un po' cambiate, ma il profumo dei mandarini mi riporta sempre a quel momento.
Una torta per questa stagione anche se non è il giorno di Natale? Ecco un'alternativa a quella all'arancia, sempre al profumo di agrumi.

400 g di mandarini
1 cucchiaio di miele
100 g di farina 0
100 g di farina integrale
50 g di zucchero integrale di canna mascobado
60 g di olio di mais o girasole
150 g circa di yogurt di soia
1 bustina di lievito

Come prima cosa sbucciate i mandarini e tagliate la scorza a striscioline che farete bollire per circa 2 minuti, quindi eliminate l'acqua e ripetete questa operazione per altre 2 volte. Infine scolate e lasciate raffreddare mescolando per bene con il cucchiaio di miele. Tagliate in piccole parti gli spicchi di mandarino, eliminando i semi. Riunite ora in una grossa ciotola tutti gli altri ingredienti, poco alla volta e mescolando sempre. Aggiungete all'impasto sia le scorze insaporite con il miele, sia i tocchetti di mandarino. La torta è pronta per essere infornata in forno caldo caldo, per circa 45-50 minuti a 180 gradi. L'impasto dovrà fare il «filo» al cucchiaio, qualora non lo facesse aggiungete un cucchiaio di yogurt di soia diluito con uno di acqua. Spesso e volentieri, essendo i mandarini molto acquosi, questo mio ultimo suggerimento non deve esser preso in considerazione!

GIORNO 29

#smsdellasalute 29

Anche oggi la sveglia suona puntuale, Marco! È arrivato il momento di vivere!! Che ne dici se oggi ci impegniamo un po' di più con un esercizio divertentissimo e completo? Io ti rispondo di sì! E dunque... dacci dentro!! Burpees in 20/10. Roll Up 3xmax. Rec 30''. Non ti fermare davanti a niente, amico mio! In una gara non vince chi arriva primo, ma chi nonostante le difficoltà non si ferma mai!!!

Una colazione in ricordo di mattinate e mattinate in cucina con Elena e Jo di Cascina Rosa, che per le «loro» donne trovano sempre ricette buone e che si prendono cura della salute.

Si tratta di biscotti un po' speciali senza zucchero aggiunto e completamente naturali, ma soprattutto buonissimi!

Belli&Buoni

1 tazza di fiocchi d'avena
mezza tazza di uvetta
mezza tazza di mandorle tritate grossolanamente
mezza tazza di acqua
1 tazza di succo di mela

Lavorate tutti gli ingredienti con le mani e lasciate riposare l'impasto per circa 2 ore o più, anche una notte, purché conservato in frigorifero. Rovesciate poi l'impasto su una teglia rivestita con carta da forno e cuocete per 15 minuti a 180 gradi. Una volta trascorso il tempo, togliete dal forno, lasciate raffreddare e quindi tagliate a quadrotti un po' come capita. Conservate i biscotti in un barattolo con la chiusura ermetica.

Pranzo

Zuppa di lenticchie

Per molti l'inverno è la stagione più triste, ma in cucina ci possiamo davvero sbizzarrire con la fantasia! Zuppe, legumi, cereali... È vero che l'estate ci regala molte vitamine con frutta e verdura, ma questa stagione offre colori e sapori unici! Ormai anche lo scaffale del supermercato ci aiuta tanto a tal proposito: sono moltissime le zuppe «secche» pronte che si cuociono in dieci minuti! Possiamo anche optare per queste: sono buone, sono veloci e molto comode per le serate o pause pranzo (al lavoro) invernali.

1 cipolla
1 gambo di sedano
1 carota
500 g di lenticchie
2 patate
1 spicchio di aglio
10 pomodori secchi
1 cucchiaino (o meno) di zafferano, curcuma, paprika dolce
1 manciata di olive taggiasche sott'olio

Stufate con un pochino di acqua un trito di cipolla, sedano e carota. Regolate di sale, aggiungendone solo 1 pizzico e quindi unite le lenticchie coprendole con circa 1,5 l di acqua. Aggiungete le patate tagliate in quattro, quindi piuttosto grossolanamente, i pomodori secchi tagliati in tre e gli aromi: l'aglio schiacciato e tutte le spezie. Fate cuocere per circa 40 minuti: la zuppa dovrà restare molto brodosa, quindi aggiungete acqua se necessario. Unite le olive taggiasche solo quando servite la zuppa e ovviamente solo se sono di vostro gusto.

Cena

Riso thai integrale con verza e cumino

Un bis di primi? Dai dai... Vi voglio mettere nell'imbarazzo della scelta! E se proprio non sapete decidere quale sarà il più buono, preparateli entrambi e poi ne assaggiate un po' di uno e un po' dell'altro e quindi surgelate quello che avanza!

250 g di verza
1 cipolla
2 cucchiai di olio EVO
320 g di riso thai integrale
cumino
sale

Pulite la verza e tagliatela a listarelle sottili sottili. Fatela saltare in una casseruola con 2 cucchiai di acqua e 2 di olio EVO e la cipolla tritata finemente. Cuocete per circa 10 minuti. Unite quindi il riso e aggiustate di sale. Mescolate per bene e aggiungete circa 1 l di acqua. Fate sobbollire per 30 minuti circa a fiamma dolce; il riso dovrà risultare morbido e la verza dovrà quasi disfarsi. Aggiungete 1 pizzico di cumino e servite!

Riso Venere con lenticchie e zucca

320 g di riso Venere
150 g di lenticchie lessate
rosmarino
250 g di zucca pulita
olio EVO
sale
pepe

Cuocete il riso in un quantitativo di acqua pari al doppio del suo peso (circa 600-700 ml). Salate molto poco e, dopo 15 minuti dal primo bollore, aggiungete le lenticchie e il rosmarino tritato. Proseguite il bollore, mantenendo un fuoco dolce, per altri 20 minuti e quindi aggiungete la zucca ridotta a cubetti. Regolate di sale e unite 2 cucchiai di olio EVO e servite mantenendo la zucca leggermente croccante. Pepate prima di servire!

Formaggio di anacardi

Il formaggio per «pulire» la bocca dopo cena? Sì, ma di anacardi!

100 g di anacardi non salati
2 cucchiai di lievito alimentare in scaglie
3 cucchiai di olio EVO
1 pizzico di aglio in polvere
pepe bianco
sale

Mettete in ammollo gli anacardi coprendoli di acqua e lasciateli per una decina di ore. Si gonfieranno un po'. Trascorso questo tempo, frullateli con la loro acqua e l'olio EVO. Si formerà una cremina: continuate a frullare finché sarà fluida e liscia, senza grumi. Aggiungete il lievito in scaglie, il pepe e l'aglio e quindi mescolate e riponete in frigorifero per almeno 1 ora. Servite con verdura cruda o spalmate su crostini di pane di segale tostato! Si conserva in frigorifero in un vasetto a chiusura ermetica per settimane!

GIORNO 30

#smsdellasalute 30

Ehi! Ciao Marco! Tutto intero? Ma sì! Niente ti può fermare! Oggi però te ne starai a riposo. Lavora un bel po' sulla respirazione diaframmatica di cui ti ho già parlato altre volte e, adottando tale tecnica, allunga tutti i muscoli del tuo corpo! Allungati sempre di più a ogni espirazione, favorisce la circolazione e allevia tutte le tensioni! Il mio ordine è: fallo anche stasera prima di andare a dormire! La vita è nelle tue mani, sta a te fare qualcosa per cambiarla! Niente è impossibile!!!

Finalmente un po' di sano relax! Ho lavorato, ogni giorno, fine settimana compresi, il tuo sms sempre puntuale!

È arrivata la fine del mese, ma so bene che è solo un arrivederci con questo momento di relax, al prossimo 30 del mese! Da domani si ricomincia con il giorno 1 e quindi anche con gli esercizi e le ricette su cui avremo preso la mano.

Come ogni «stop and go», oggi lo dedichiamo alla «pulizia» per ripartire domani alla grande!

Un'intera giornata pensata ad aiutare le difese immunitarie e a portare benefici al sistema cardiovascolare. Le arance, ricche di vitamine e flavonoidi, i lupini, altamente proteici, fonte di fibre, proteggono il sistema cardiovascolare: sono semi di una leguminosa delle Fabacee che, ahimè, sono davvero immangiabili allo stato naturale in quanto contengono un alcaloide amarissimo, ma ammollati o fatti bollire a lungo, immersi in salamoia oppure tostati possono essere sgranocchiati come snack (sano) o ancora polverizzati e utilizzati per preparare gelati, burger ma anche come surrogato del caffè.

Smoothie detox

1 barbabietola rossa piccola lessata (sottovuoto)
1 carota
1 mela
1 pezzetto di zenzero

Tagliate la barbabietola, la carota e la mela a tocchetti e frullatele con un pezzetto di zenzero. Bevete subito!

Pranzo

Insalatona di finocchi e arance

2 arance di media grandezza non trattate
3 finocchi di media grandezza
1 manciata di olive taggiasche
1 cucchiaio di semi di sesamo tostati
olio EVO

Lavate bene le arance e affettatele molto finemente senza togliere la buccia. Lavate e affettate anche i finocchi; mescolateli alle arance e unite le olive taggiasche senza doverle sgocciolare perché solitamente conservate in un olio EVO di tutto rispetto. Condite con semi di sesamo tostati e un filo di olio EVO. PS provatela anche aggiungendo un paio di carote tagliate a julienne, sarà ancora più superlativa e per condirla un filo di miele, uno di olio EVO e un cucchiaio di aceto balsamico!

Cena

Zucca e zenzero al cucchiaio

800 g di zucca mantovana
4 cucchiaini di olio EVO
1 vasetto di yogurt greco magro
zenzero fresco
1 punta di cucchiaio di cannella
1 punta di cucchiaio di noce moscata
sale
pepe

Pulite la zucca eliminando la buccia e tagliatela a pezzi, quindi lessatela in acqua leggermente salata e scolatela bene. Passatela al mixer insieme allo yogurt greco, all'olio EVO, al sale e alle spezie. Grattugiate un pochino di zenzero fresco, mescolate e assaggiate: se vi piace lo zenzero osate un po' di più! È tutta salute! Servite la mousse tiepida, dopo averla leggermente pepata al momento.

Radicchio spettacolare

4 cespi di radicchio rosso di Treviso
3 cipolle bianche
70 g di uvetta
70 g di pinoli
mezzo bicchiere di aceto di mele
5 cucchiai di olio EVO
sale
pepe

Pulite i cespi di radicchio, lavateli in acqua corrente e divideteli in quattro spicchi ciascuno tagliandoli per il lato più lungo. Metteteli a sgocciolare per bene sopra uno strofinaccio da cucina e cuoceteli su una piastra leggermente unta d'olio finché saranno diventati morbidi. Adagiateli in una bacinella capiente ricoperta di cipolle che avrete affettato sottilmente e fatto appassire in 4 cucchiai di olio EVO e uno di acqua. Aggiungete a radicchio e cipolle cotte, l'aceto, l'uvetta, ammollata e strizzata, e i pinoli. Lasciate raffreddare e comunque non consumatela prima di 12 ore. Dobbiamo dare il tempo a tutti i sapori di miscelarsi tra loro.

Insalata di cicoria e ravanelli

In alternativa, un'insalata speciale!

200 g di cicoria
200 g di feta light
10 ravanelli
4 cucchiai di olio EVO
aceto di mele
gomasio
zenzero

Tagliate la cicoria a striscioline molto sottili e la feta a dadini. Lavate i ravanelli e quindi affettateli con una mandolina o comunque al coltello ma molto sottili. Disponete la verdura tagliata in una ciotola molto larga e condite con un'emulsione ottenuta frullando 3 cucchiai di olio EVO, 2 cucchiai di aceto di mele e mezzo cucchiaino di zenzero grattugiato fresco. Mescolate e servite l'insalata con una spolverata di gomasio.

Il gomasio è il «mio» sale, ovvero un modo (orientale) per dare gusto ai piatti senza esagerare con il sale. L'olio contenuto nei semi di sesamo infatti agisce avvolgendo il sale, impedendogli quindi di assorbire un'eccessiva quantità d'acqua, caratteristica naturale del sale.

La mia dose preferita di gomasio? Eccola qui: 15 cucchiai di semi di sesamo sciacquato e tostato in padella, frullati con 1 cucchiaio di sale fino anch'esso tostato. Frullate (o pestate al mortaio) i due protagonisti senza surriscaldare la lama, finché si crea un composto polveroso, profumatissimo e dall'aspetto omogeneo: è naturale che non tutti i semi di sesamo siano distrutti, quindi non insistete! Conservatelo in frigorifero in un barattolo ermetico. Nell'alimentazione naturale se ne consiglia un cucchiaino in bocca da masticare lentamente per far passare mal di testa o bruciori di stomaco.

Lupetta: la zuppa di lupini

1 costa di sedano
1 cipolla
1 carota
800 g di verdure miste tra cavolo verza, cime di rapa, cicoria, indivia
600 g di lupini lessati in salamoia
olio EVO
sale

Iniziate a preparare tutta la verdura che andrà nella zuppa di lupini, quindi tagliate in piccoli pezzi il sedano, la cipolla, la carota, il cavolo verza, le cime di rapa, la cicoria e l'indivia. Tenete separate tutte le verdure perché avranno cotture differenti. Iniziate a stufare in qualche cucchiaio di acqua la carota, il sedano e la cipolla. Aggiungete quindi circa 1 l di acqua solo dopo che si sono ammorbidite per bene e a seguire, una volta raggiunto il bollore, le cime di rapa e il cavolo verza. Fate cuocere per circa 15 minuti e quindi unite i lupini privati della loro buccia (quando invece li consumate prima e dopo l'allenamento la buccia va benone!), la cicoria e l'indivia. Aggiustate di sale e aggiungete l'olio EVO. Fate sobbollire per circa 15 minuti. Servite con olio EVO a crudo.

E adesso, tutto da capo!

Sono trascorsi 30 giorni, ma fino alla primavera di tempo ne abbiamo ancora davanti a noi, diciamo dunque che il nostro periodo di mantenimento è solo iniziato.

Vi ho descritto 30 giorni tra gli esercizi di Daniele e le mie ricette: ora basta solo ricominciare dal giorno 1.

Se ci siamo «abituati» a certi esercizi, sarà più facile renderli perfetti nell'esecuzione anche nei prossimi 30 giorni e in quelli a seguire.

Stessa cosa deve avvenire con le ricette. La stagionalità ci obbliga a scegliere determinati alimenti e quindi è buona cosa sfruttare quanto la natura ci regala: se ci ripetiamo in cucina, ci miglioriamo!

Possiamo combinare le ricette tra loro oppure trasformarle in piatti totalmente vegani. Un formaggio magro prodotto con latte vaccino spesso può essere sostituito con del tofu o del formaggio di anacardi, mentre il pesce può trovare una valida alternativa nel tempeh, nel seitan o nei legumi! I carboidrati? Sempre integrali, no al raffinato; facciamola diventare una sana abitudine. Mi raccomando il sale: sempre poco ed è sempre buona cosa sostituirlo con spezie ed erbe aromatiche. Lentamente ci abitueremo e ne trarremo beneficio. L'italiano medio ne consuma molto più della quantità consigliata: brutta abitudine, vediamo dunque di non far parte di questi connazionali! Ogni grammo di sale da cucina (cloruro di sodio) contiene circa 0,4 g di sodio. Vi ricordo che in condizioni normali un adulto ha un fabbisogno quotidiano di sodio pari a questo intervallo: 100-600 mg, cioè circa 0,25-1,5 g di sale. Pensate che la dieta di un italiano medio apporta più o meno 15 g di sale al giorno, superando di dieci volte la quantità necessaria. Limitare il sale nella dieta permette di ridurre il rischio di osteoporosi, obesità e ipertensione soprattutto se abbinato a della sana attività fisica. Insomma, tra piatti gustosi, accorgimenti che regalano sapore e non intristiscono la vita e una buona dose di movimento riusciamo a farci del bene.

Dizionario del fitness

Questo libro rappresenta per me, e spero per tutti voi, un vero e proprio manuale di benessere, dalla cucina all'attività fisica. Qualcosa di prezioso, proprio perché dedicato alla nostra salute.

Per completare l'opera, io e Daniele abbiamo pensato a un «dizionario» perché tutti possiate comprendere la tipologia di esercizi che questo «angelo del fitness» ci ha regalato. Il primo numero nelle indicazioni di Daniele si riferisce alle serie, il secondo alle ripetizioni di ogni serie. Per esempio, 4x10/20 significa 4 serie da 10/20 ripetizioni. REC significa recupero.

Bene, direi proprio di iniziare dalla A per arrivare alla Z che nel nostro caso è la W...

Il nostro alfabeto del fitness parte proprio dalla A... La A di **AFFONDI**. Cosa sono? Abbastanza semplice: sul posto, mani sui fianchi, addominali e glutei contratti, procedete con un passo avanti ed eseguite un piegamento sulla gamba prestando attenzione a non superare con il ginocchio la punta del piede. La gamba che non ha eseguito il passo funge da perno con il tallone staccato da terra. Terminato il numero di ripetizioni eseguite lo stesso movimento sulla gamba opposta.

Non vedo una piscina, ma trovo la **BRACCIATA A RANA**... cioè? Si tratta di un movimento del Pilates. Sdraiati per terra con la pancia rivolta al pavimento, eseguite una bracciata a rana come se steste nuotando, quindi durante l'apertura delle braccia sollevate da terra lo sterno facendo attenzione a portare dentro l'ombelico. Le gambe durante l'esercizio resteranno distese senza staccarsi dal suolo.

BURPEES: che sono mai? Esistono addirittura delle gare e sono davvero pazzi a farle! Eccoli per voi nella versione facilitata: accovacciatevi mettendo il palmo delle mani a terra, addominali contratti, eseguite un salto all'indietro distendendo le gambe e mantenendo le mani in appoggio. L'esercizio si completa riportando con un balzo i piedi accanto alle mani e ritornando alla stazione eretta. È fondamentale mantenere per l'intera durata dell'esercizio i glutei e gli addominali contratti.

E il **CRUNCH**? Credevo fosse un tipo di müsli, invece è il movimento base degli addominali che si esegue distesi a terra con le gambe piegate a larghezza delle spalle e i piedi saldi al terreno. Mani dietro la nuca senza far pressione sulla testa, sollevate le spalle da terra e ritornate alla posizione iniziale. La respirazione, in particolar modo per gli addominali, è fondamentale: inspirare quando si è sdraiati e buttar fuori tutta l'aria quando si sollevano le spalle.

Il **CRUNCH CROSS** è una variante del Crunch in cui si lavora sulla parte laterale dell'addome. Una sola mano dietro alla nuca, mentre il braccio libero è disteso a terra. Sollevate la spalla del braccio piegato e indirizzatela verso il ginocchio della gamba opposta che andrà incontro alla spalla.

Il **CURL** non è uno strano sport ma la flessione del gomito eseguita restando in piedi con polsi paralleli (presa a martello) e ruotandoli durante la flessione (cioè piegando il braccio). Con questo esercizio andremo a far lavorare il bicipite.

FLESSIONI LATERALI: in piedi con un carico (bottiglia) in mano, flettetevi dallo stesso lato del carico, senza piegarvi avanti o indietro. Curate la respirazione! Prendete aria quando vi abbassate e buttatela fuori tutta quando risalite.

FRENCH PRESS... è vero che amo la Francia, ma questo esercizio? Ok, ho capito, le french fries, le patatine fritte, non c'entrano. Queste sono ripetizioni che mirano al lavoro dei tricipiti. Seduti sulla sedia con la schiena ben appoggiata allo schienale, sollevate le braccia e piegatele dietro la nuca tenendo bloccati i gomiti distendendo il carico fin sopra alla testa. Mi raccomando, per rendere l'esercizio davvero efficace bisogna distendere al meglio l'avambraccio.

GLADIATOR PRESS non abbiamo acceso la televisione per vedere una fiction ma stiamo allenando i nostri amici addominali: il core sarà il protagonista come in tutti gli esercizi di stabilizzazione. Mettersi a terra su un fianco con gomito e ginocchio in appoggio (ovviamente dello stesso lato del corpo) e braccio opposto perpendicolare a terra come fosse il prolungamento del braccio piegato. Avvicinate il bacino verso terra prendendo fiato e spingetelo verso l'alto buttando fuori l'aria. Ripetete dall'altro lato!

HIGH KNEE RUN: Daniele, mi hai fatto impazzire... mi parli strano solo per farmi correre sul posto! Sei diabolico!

INFERNAL CRUNCH: sdraiatevi con i piedi appoggiati al muro e le ginocchia leggermente flesse. Sollevate il busto da terra portando il torace verso le gambe e cercando di portare le mani almeno alle caviglie. Ritornate alla posizione iniziale con le spalle a terra.

JACK KNIFE? Un parente di Jumping Jack? Naaaaaaa... si tratta di un esercizio che rafforza gli addominali, ma non è un esercizio qualunque, è il top degli esercizi! Seduti per terra con i piedi sollevati in sospensione e le mani in appoggio sul pavimento. Prendete aria, avvicinate le ginocchia al petto portando contemporaneamente in avanti il busto e buttate fuori l'aria.

JUMPING JACK! Perché questo nome? Deriva da un omonimo gioco per bambini dove un clown salta fuori da una scatola. Qui i clown siamo noi! Per eseguire l'esercizio immaginate di essere a una festa. In piedi, braccia lungo i fianchi e gambe unite, saltate allargando braccia e gambe contemporaneamente e continuando a saltare ritornate alla posizione di partenza con le braccia lungo i fianchi e le gambe unite.

Il **LATERAL PLANK** non è altro che la versione del PLANK laterale, ovvero gomito in appoggio e braccio opposto perpendicolare a terra come fosse il prolungamento del braccio piegato.

LEG KICK: gomiti appoggiati a terra distanziati alla larghezza delle spalle, ginocchia appoggiate a terra e addominali e glutei ben stretti. Piegate la gamba portando il piede a martello e alternate il movimento sull'altra gamba.

MOUNTAIN CLIMBERS: nessuna picozza per questo esercizio. La posizione di partenza è quella del Push Up, con un piccolo balzo alterno una gamba con l'altra e ogni volta devo appoggiare bene la pianta del piede a terra.

ONE LEG STRETCH? Eccolo! Stessa posizione del Crunch ma le gambe sono piegate a 90 gradi, quindi sollevate da terra (i piedi non toccano da nessuna parte, capito? Gli addominali lavorano ancora di più!). Sollevate una spalla alla volta e indirizzatela verso il ginocchio della gamba opposta, che rimane piegata mentre l'altra gamba viene completamente distesa.

Il **PLANK**, che piace tanto anche a me, sembra a oggi una tipologia di esercizio molto molto gettonata per la sua efficacia. Versione semplice per tutti: gomiti appoggiati a terra distanziati alla larghezza delle spalle, ginocchia staccate da terra, gambe tese e addominali e glutei ben stretti: mantenete la posizione finché non iniziate a gocciolare sudore!

Parliamo poi di **PUSH UP**, e non si riferisce a un modello di reggiseno, anche se i pettorali lavorano davvero... stesi pancia a terra, mani appoggiate accanto alle spalle, addominali e glutei sempre ben contratti, stendete le braccia per sollevare il corpo da terra e piegandole ritornate alla posizione iniziale, ma senza appoggiarvi a terra.

E il **PUSH** sulla sedia? Si chiama anche **DEEP PUSH** ma facciamola breve: recuperiamo una sedia che fungerà da appoggio e, di schiena, posizioniamo le mani sul bordo della seduta piegando le braccia come a volersi sedere a terra. Facendo forza sulle braccia ritorniamo in posizione di partenza. I piedi naturalmente poggiano a terra.

PLANK PUSH KNEES: ma cos'è? Mettetevi a gattoni (detta anche quadrupedia, mi suggerisce il buon Dany) con i gomiti appoggiati a terra creando un movimento lineare spostandosi in avanti e indietro, mi raccomando senza fare gobbe con la schiena.

PULLOVER? Esercizi con il maglione? Certo, siamo in inverno, ma così mi fai sudare davvero. Infatti ecco di cosa si tratta... La posizione di partenza è stesi a terra con la pancia rivolta verso l'alto, le gambe piegate e le braccia distese durante tutta l'esecuzione dell'esercizio: le portiamo sopra alla testa e successivamente lungo i fianchi senza mai farle appoggiare a terra.

E quanto mi spaventi con la frase **PUSH UP & ROTATION IN SUPER SET CON LATERAL PLANK!** Per quanto riguarda il Rotation in Super Set vedi PUSH UP con l'aggiunta di una rotazione del busto alternando destra e sinistra. Mentre eseguiamo la rotazione lavoriamo bene sulla stabilizzazione laterale. Perché Super Set? Si tratta di due esercizi eseguiti senza alcun recupero.

QUAD PRESS: la posizione di partenza è a terra simile a quella di una rana: accucciati, ginocchia e piedi leggermente divaricati, spostate il corpo in avanti rendendolo così parallelo al pavimento. Sorreggendovi su braccia e gambe, cercando di mantenere unite le mani a terra creando contatto tra pollici e indici, eseguite una flessione sulle braccia fermandovi quando le ginocchia sfiorano il pavimento. Ritornate alla posizione di partenza.

RESPIRAZIONE DIAFRAMMATICA: è l'ideale nei momenti di **REC**, ovvero quelli di recupero, oppure come vero e proprio esercizio di rilassamento. Come si fa? Si respira con la pancia tenendo fermo il più possibile il torace. Eseguite dei profondi e fluidi respiri utilizzando solo l'addome e rilasciate la stessa aria inspirata sgonfiandolo fino in fondo e lentamente.

ROLL UP: è un esercizio di addominali la cui posizione di partenza è braccia e gambe completamente distese a terra (le braccia al di sopra della testa). L'obiettivo è quello di toccare con le mani la punta dei piedi arrotolandosi verso le gambe piegando la schiena vertebra dopo vertebra.

SFORBICIATE, e non stiamo parlando di un corso di cucito! La posizione di partenza è sedere sul pavimento con braccia piegate e gomiti a terra. Le gambe sono distese e sollevate da terra e restano tali per tutta l'esecuzione dell'esercizio effettuando incroci continui alternati: prima una gamba sopra e l'altra sotto e poi viceversa.

SPINAL ROCK: un gruppo musicale metal? Neanche per sogno, malgrado la vena artistica del nostro Dany... Si tratta infatti di un esercizio a forte impatto, la cui posizione iniziale è sdraiati a terra rannicchiati: dondolate con la forza delle gambe che agiscono da contrappeso e portatevi a sedere senza far toccare ai piedi il pavimento.

SQUADRA DI MÉZIÈRES: sulla parete più libera che avete in casa, gambe al muro, busto a terra formando un angolo di 90 gradi con il bacino; la schiena diventerà un tutt'uno con il pavimento mentre le gambe lo saranno con il muro. Mantenete i piedi a martello, le scapole ben unite e il torace aperto il più possibile.

SQUAT: non si tratta di occupare appartamenti abbandonati, ma di un bell'esercizio che fa lavorare glutei e gambe. In posizione eretta eseguiamo un piegamento sulle gambe prestando attenzione a non superare con le ginocchia le punte dei piedi, mantenendo il sedere indietro e la schiena dritta. Bisogna accosciarsi il più possibile fino a formare un angolo di 90 gradi tra coscia e polpaccio e rialzarsi sempre con la sola forza delle gambe.

SQUAT JUMP: stesso esercizio dello SQUAT con l'aggiunta di un balzo al ritorno dopo l'accosciata!

SQUAT KICK: stesso esercizio dello SQUAT con l'aggiunta di uno slancio laterale nel vuoto al ritorno dopo l'accosciata! Lo slancio dovrà essere eseguito sia con una gamba che con l'altra.

SQUAT BULGARO: sul posto, mani sui fianchi, addominali e glutei contratti, procedete con un passo avanti ed eseguite un piegamento sulla gamba prestando attenzione a non superare con il ginocchio la punta del piede. La gamba che non ha eseguito il passo è appoggiata su un rialzo (sedia, divano...).

STEP UP: esercizio per glutei d'acciaio! Si esegue su un rialzo di varie altezze (una panca, una sedia...). Dalla stazione eretta con le gambe divaricate all'altezza delle spalle, braccia distese lungo i fianchi, distanziatevi dal rialzo di 30-35 cm, appoggiate un piede sul rialzo e salite sollevando la gamba libera in avanti con il ginocchio piegato.

Ritornate appoggiando la gamba libera alla posizione iniziale e ripetete con l'altra gamba.

TORSIONI IN ISOMETRIA: seduti per terra con le gambe tese e sollevate in sospensione e le mani che sorreggono un carico (bottiglia, pallone...), eseguite una torsione del busto alternando lato destro e lato sinistro senza mai appoggiare il carico.

WALL SIT SQUAT: uno degli esercizi più belli, faticosi e statici che esistono! Immaginate di sedervi su una comodissima sedia ma... la sedia non c'è! Con la schiena appoggiata a una parete andate a formare con le gambe un angolo di 90 gradi mantenendo la posizione fino a esaurimento. È un esercizio molto completo, che allenerà l'intero corpo, cervello incluso, a eccezione delle braccia! Per i più ambiziosi, un sovraccarico tenuto sopra la testa con le braccia distese renderà lo sforzo maggiore.

Bibliografia e link utili

Link

SINU, Società italiana di nutrizione umana, LARN Livelli di Assunzione di Riferimento di Nutrienti ed Energia per la popolazione italiana, Revisione 2012, Documento di sintesi per il XXXV Congresso Nazionale SINU, Bologna, 22-23 ottobre 2012 (www.sinu.it/documenti/20121016_LARN_bologna_sintesi_prefinale.pdf).

Il mio blog Bello&Buono: www.marcoincucina.it

Il sito della Fondazione Umberto Veronesi: www.fondazioneveronesi.it

Il sito dello IEO, Istituto europeo di oncologia: www.ieo.it

Il sito della Nutrition Foudation of Italy: www.nutrition-foundation.it

Il sito di Cristiano Caporali: http://cristianocaporali.com

Libri

Eugenio Del Toma, *Mangiare per correre*, Roma-Bari, Laterza, 2008.

Danilo Gasparini e Silvano Rodato (a cura di), *Alimenta: il cibo tra scienza e cultura*, catalogo della mostra tenuta a Montebelluna, Museo di Storia naturale e Archeologia, 2010.

Riviste

R.C. Bailey, J. Olson, S.L. Pepper, J. Porszasz, T.J. Barstow, D.M. Cooper, *The level and tempo of children's physical activities: an observational study*, in «Medicine and science in sports and exercise», 27, luglio 1995, pp. 1033-41.

S.H. Boutcher, S.L. Dunn, *Factors that may impede the weight loss response to exercise-based interventions*, in «Obesity Review», 10, 2009, pp. 671-80.

A.K. Cornish, S. Broadbent, B.S. Cheema, *Interval training for patients with coronary artery disease: a systematic review*, in «European Journal of Applied Physiology», 111, 2011, pp. 579- 89.

N.A. Johnson, T. Sachinwalla, D.W. Walton, et al., *Aerobic exercise training reduces hepatic and visceral lipids in obese individuals without weight loss*, in «Hepatology» 50, 2009, pp. 1105-12.

J. King, C. Broeder, K. Browder, L. Panton, *A comparison of interval vs steady-state exercise on substrate utilization in overweight women*, in «Medicine and science in sports and exercise», 33, 2002, p. 228.

J.P. Little, J.B. Gillen, M.E. Percival, et al., *Low-volume high-intensity interval training reduces hyperglycemia and increases muscle mitochondrial capacity in patients with type 2 diabetes*, in «Journal of Applied Physiology», 111, 2011, pp. 1554-60.

P. Meyer, T. Guiraud, M. Gayda, M. Juneau, L. Bosquet, A. Nigam, *High-intensity aerobic interval training in a patient with stable angina pectoris*, in «American journal of physical medicine & rehabilitation», 89, 2010, 83-86.

T. Moholdt, B.H. Amundsen, L.A. Rustad, et al., *Aerobic interval training versus continuous moderate exercise after coronary artery bypass surgery: a randomized study of cardiovascular effects and quality of life*, in «American Heart Journal», 158, 2009, pp. 1031-37.

T. Moholdt, I.L. Aamot, I. Granøien, et al., *Aerobic interval training increases peak oxygen uptake more than usual care exercise training in myocardial infarction patients: a randomized controlled study*, in «Clinical Rehabilitation», 26, 2012, pp. 33-44.

R.O. Nielsen, I. Buist, H. Sørensen, M. Lind, S. Rasmussen, *Training errors and running related injuries: a systematic review*, in «International Journal of Sports Physical Therapy», 7, 2012, pp. 58-75.

Indice delle ricette